内村鑑三「信仰・学問・迫害」を語る

RYUHO OKAWA

大川隆法

まえがき

全く無知なる者たちが、神を怖れず、神をこの世的に裁こうとしている現代が悲しい。

三十センチの物差しでもって、宇宙の宏《ひろ》さを測ろうとしている、その貧困なる科学的精神が悲しい。

学問とは真実を除外することだと考えている者たちが、大学の学長や理事長を名乗っていることが悲しい。

彼らをお金のバラまきや叙勲《じょくん》で釣って、飼い慣らそうとしている政治家の存在が悲しい。

明治以来、優秀な頭脳を持っていた若者たちを次々と無能に変えていった、お役所仕事が悲しい。

そして信仰なき学問で、この国が繁栄すると考えている、エセ文化人たちの存在が悲しい。

神の怒りは、東日本大震災や、御嶽山《おんたけさん》の噴火でおさまると思っている、その無明《むみょう》が悲しい。

二〇一四年　十一月四日

幸福《こうふく》の科学《かがく》グループ創始者兼総裁《そうししゃけんそうさい》　大川隆法《おおかわりゅうほう》

内村鑑三「信仰・学問・迫害」を語る　目次

内村鑑三《うちむらかんぞう》「信仰《しんこう》・学問・迫害《はくがい》」を語る

二〇一四年十一月一日　収録
東京都・幸福の科学総合本部にて

「霊言現象《れいげんげんしょう》」とは、あの世の霊存在の言葉を語り下ろす現象のことをいう。これは高度な悟《さと》りを開いた者に特有のものであり、「霊媒現象《れいばいげんしょう》」（トランス状態になって意識を失い、霊が一方的にしゃべる現象）とは異なる。

なお、「霊言」は、あくまでも霊人の意見であり、幸福の科学グループとしての見解と矛盾《むじゅん》する内容を含《ふく》む場合がある点、付記しておきたい。

内村《うちむら》鑑三《かんぞう》「信仰《しんこう》・学問・迫害《はくがい》」を語る

二〇一四年十一月一日　収録

東京都・幸福の科学総合本部にて

内村鑑三《うちむらかんぞう》（一八六一〜一九三〇）

無教会派キリスト教の創始者。札幌《さっぽろ》農学校を首席で卒業し、アメリカに留学。帰国後、第一高等中学校講師となるが、「教育勅語《ちょくご》」への最敬礼をせず、いわゆる「不敬事件」を起こして辞職。その後、新聞「萬朝報《よろずちょうほう》」の英文主筆となるものの、非戦論を唱えて辞職。無教会主義を唱え、雑誌「聖書之《せいしょの》研究」を創刊。主著に『余《よ》は如何《いか》にして基督《キリスト》信徒となりし乎《か》』『代表的日本人』『後世への最大遺物』などがある。塚本虎二《つかもとトとらじ》、矢内原忠雄《やないはらただお》、南原繁《なんばらしげる》など、数多くの門下生を育てた。

質問者　※質問順

綾織次郎《あやおりじろう》（幸福の科学上級理事 兼《けん》「ザ・リバティ」編集長）
斎藤哲秀《さいとうてっしゅう》（幸福の科学編集系統括《とうかつ》担当専務理事）
石川雅士《いしかわまさし》（幸福の科学国際編集局長）

［役職は収録時点のもの］

1　迫害《はくがい》と戦ったキリスト教思想家・内村鑑三《うちむらかんぞう》を招霊《しょうれい》する

「無教会主義」を唱え、数多くの門下生を育てた内村鑑三《うちむらかんぞう》

大川隆法　今から二年ほど前に『公開霊言《れいげん》　内村鑑三《うちむらかんぞう》に現代の非戦論を問う』（幸福の科学出版刊）という本を出しました。ちょうど民主党の野田《のだ》政権末期のころだったかと思います。その内容は、外交についての質問が多く、戦争の是非《ぜひ》を問うたり、一部、幸福実現党の厳しい現状に関する話などをしたりしました。

今回は、もう少し、宗教と学問をめぐる問題等についてのご見解を伺《うかが》い、今後の参考にできればと考えています。信仰者《しんこうじゃ》であり、かつまた、学問にも関心のある方だったと思いますので、何らかの参考にはなるのではないでしょうか。

有名な札幌《さっぽろ》農学校に行き、新渡戸稲造《にとべいなぞう》、宮部金吾《みやべきんご》らとも同級生で、首席で卒業さ

れたという方です。

一高《いちこう》（第一高等中学校）の教職員だったときには、「教育勅語《ちょくご》」への不敬を非難されて辞職したことがありました（注。教育勅語奉読式《ほうどくしき》で内村鑑三が教育勅語に最敬礼をしなかったことが、「不敬事件」として社会問題化。内村が病《やまい》に臥《ふ》せっている間に本人の名前で辞職願いが出され、内村は一高を依願解嘱《いがんかいしょく》された）。

非常に鯁直《こうちょく》というか、剛直《ごうちょく》というか、かなり厳しくて、筋《すじ》を通す方でもあるので、あまり協調性はなかったのでしょうが（笑）、自分自身の考え方の純粋《じゅんすい》さを求めていたために、いろいろなところでの人間関係のトラブルが多かったようです。

その後、自宅の一室を開放して聖書研究会を開き、初期のルターのように、教会を持たず、「『聖書《せいしょ》』のみの信仰」という考えに基《もと》づく「無教会主義」を唱えて、塚《つか》本虎二《もととらじ》、矢内原忠雄《やないはらただお》、南原繁《なんばらしげる》などの門下生を育てました。

矢内原忠雄や南原繁などは、のちに東大総長になった方なので、なかなかのインテリを相手にしていたことは明らかです。

●塚本虎二　(1885 – 1973)　内村鑑三門下生。キリスト教伝道者。東京帝国大学卒業後、農商務省から内村鑑三の助手へ。後に独立し東京聖書知識普及会を創始。『新約聖書』の改訳もある。

　また、塚本虎二という人も、本を書いたり『聖書』の翻訳《ほんやく》をしたりしています。私の父である善川三朗《よしかわさぶろう》は、若き日に「塚本虎二門下生」として塚本先生に教わっていたので、そういう意味では、当会の思想の一部に、無教会主義の流れが流れ込《こ》んでいないわけではありません。父が当時、本を大事そうにしていたのを覚えています。

　そのうち、矢内原先生や南原先生の霊もお呼びして、学問や大学関係についてのご意見を聴《き》けたらよいと思っていますが、矢内原先生はけっこう厳しい方なので、あらかじめ〝予約〟をしておかないと、やや〝危険度〟はあるかもしれません。

　実は、三十年以上前、郷里《きょうり》の徳島《とくしま》県川島町《かわしまちょう》で霊言をしていたころに、急にお呼びしたら怒《おこ》られたことがありました。当時は誰《だれ》でも呼び出していたのですが、矢内原先生はちょうど天上界《てんじょうかい》で講義をしていた最中《さいちゅう》だったらしく、「人が説法《せっぽう》をしている最中に呼び出すとは何事か」と怒られたのです。「不器用な人だなあ。二つに分割《ぶんかつ》して出てこないのか」と思わなくもありませんでしたが、どうも、できないようです。

「天使」か「天使の予備軍」かは知りませんが、「せっかく大勢集めて話をしてい

●**矢内原忠雄**　（1893 − 1961）　経済学者。元東大総長。植民政策、国際経済論の権威。キリスト者として聖書研究会、雑誌『嘉信』や著作を通して反戦平和を説く。

るときに、お呼びがかかった。勝手に呼ばれたので、来ざるをえなくて来たけれども、困るんだ」ということで、しばらくいて、フッと帰ってしまいました。

それ以後は遠ざかっているわけですが、東大の総長をなされ、クリスチャンでもあられ、弾圧《だんあつ》を受けたりもしている方なので、またチャンスがあればと思っています（注。翌日の二〇一四年十一月二日に霊言「矢内原忠雄『信仰・言論弾圧・大学教育』を語る」を収録した）。

また、南原繁先生は政治思想の大家《たいか》でもありますので、何らかの指導霊《しどうれい》に加わってくださる可能性もあるのではないでしょうか。

宗教を学ぶ「入り口」として読むのによい内村鑑三の著作

大川隆法　内村鑑三については、全集も出ているものの、今の人が全集を読むのはきついかもしれません。ただ、薄《うす》い文庫本等も出ていますので、読めないことはないでしょう。岩波《いわなみ》文庫でだいたい出ているようですが、（手元の本を示して）これ

●南原繁　（1889 － 1974）　政治学者。キリスト者。元東大総長。対日講和条約締結に当たっては全面講和を唱え、吉田茂首相と対立した。著「国家と宗教」など。

にはなぜか角川《かどかわ》文庫のブックカバーがかかっていますけれども（笑）、これは学生時代に読んだ証拠《しょうこ》です。

『後世への最大遺物・デンマルク国の話』という本ですが、「後世への最大遺物」については聞いたことがある人も多いのではないでしょうか。これは、内村鑑三が三十三歳《さい》のときに、箱根《はこね》での夏期セミナーのようなところで話した内容です。本人としても、「本にするのはどうかな」と思う程度の、ちょっとした講演ではあったようですが、意外と大きな反響《はんきょう》を呼びました。これに影響《えいきょう》を受けた方もかなりいると思います。

私も影響を受けた一人であり、若いころに「後世への最大遺物」という小論文を書き、活字になったことがあります（注。商社に勤めていたころ、「後世への最大遺物」というエッセイ的な小論文を書き、社内報に載《の》せたことがある）。

そういう意味で、若い人も一回ぐらいは読んでもよいでしょう。

そのほかにも、落ち込んだときには、『基督信徒《キリスト》のなぐさめ』『求安録《きゅうあんろく》』『余《よ》は如《い》何《か》にして基督信徒となりし乎《か》』などもあります。全部は読めないかもしれませんが、いずれも薄い本なので、宗教を学問的にも勉強するときには、「入り口」としてお読みになってもよいのではないかと考えます。

「組織の発展」よりも「自分の中身」や「学問」に関心があった内村鑑三

大川隆法　内村鑑三に関する解説は前著（前掲《ぜんけい》『公開霊言　内村鑑三に現代の非戦論を問う』参照）でだいぶ書きましたので、そのへんは深く入らないことにして、今日は、その内容について、特に、信仰者の「学問」あるいは「職業」の問題、それから、信仰を護《まも》るために、さまざまな迫害《はくがい》や試みを受けたり、苦しみや挫折《ざせつ》が来たりすることなどについて、もう一段〝突《つ》っ込んで〟みたいところです。

一高での「不敬事件」があったあとは、やはり、「非国民」としてかなり糾弾《きゅうだん》をされたでしょう。自宅に石つぶてが投げられ、窓ガラスを割られるなど、妻子もたいへん苦労なされたようです。また、家族関係においても、離婚《りこん》や死別等、いろいろと不幸を経験したようなので、「信仰というのは、実に厳しいものだ」ということを感じる人ではありります。

また、大きく組織をつくるのは、あまり得意ではなかった方のようです。当時、「柏木《かしわぎ》」と呼ばれていた辺《あた》りにあった新宿《しんじゅく》の自宅の一角《いっかく》に小さな講義室を設《もう》け、少人数の生徒を教えていたようです。これは余談ですけれども、「柏木の里」などと呼ばれていたので、私はてっきり千葉《ちば》の柏辺りのことかと思ったら、現在の新宿だそうです。当時は、まだそれほど開けていなかったのでしょう。

時代を感じさせる話ではありますが、生徒のほうは、授業料をお米や大根《だいこん》などの現物でも持ってきたりしていたようです。ただ、先生（内村鑑三）が厳しいのでやめる人も多く、なかなか生活は厳しかったといいます。

このように、マーケティングはあまり得意ではなかったようです。

だいたい、「無教会派」などといったら、教会は建ちません。これは思想に問題があるのではないでしょうか。それでは教会を建てようにも建てられなくなります。

お金が集まっても建てられなくなるので、〝看板〟には気をつけないといけないところがあるでしょう。

ただ、どちらかといえば、ご本人はそういうことよりも、自分の中身を見つめたり学問をしたりすることなどに関心のあった方なのではないかと思います。

幸福の科学が直面する、さまざまな〝壁《かべ》〟をどう乗り越《こ》えるか

大川隆法 （質問者に）いずれにせよ、本日の内容をどのようにつくるかは、みなさんの質問次第《しだい》です。

今、当会は、この世のさまざまな面でぶつかりつつありますが、これは、「一定の大きさ」になったこととも関係があるでしょう。「小さい」と単に隠《かく》れているだけになりますけれども、「一定の大きさ」になると隠れられなくなります。そのため、この世的な境目《さかいめ》のところで、世間《せけん》とぶつかり始めているわけです。

例えば、政党（幸福実現党）についても、なかなかもうひとつ行けないところが

あります。「宗教が国家権力の一部となって、なかにまで入り込むかどうか」というところに、〝見えない壁《かべ》〟がかなりあり、「いかにして一般《いっぱん》の人が投票しないようにするか」ということが、いろいろなかたちで、〝透明《とうめい》な壁〟としてあるように見えます。

宗教でなければ、もう少し応援《おうえん》してくれてもよいようなところがあり、話題性もあったはずですが、この五年ほどは「ないもの」とされ、〝壁〟があったように思うのです。

また、学校についていては、中学・高校のほうは田舎《いなか》につくったためにできたところもあるのかもしれませんが、ある程度、予定どおりにできました。ただ、大学のほうは、世間が見ている面もあり、何かといろいろな思惑《おもわく》も絡《から》まっているようで、難しい現状が出てきています。おそらく、政党が当たっている〝壁〟と同じものではあるでしょうし、「信仰」と「学問」との関係の問題でもあろうかと思うのです。

すなわち、現状ある学問そのもののなかにスッと入っていこうとしているというよりも、「学問そのものに対し、信仰の面から見た革命」を試みている面があるため、「既成《きせい》のもの」が「新しいもの」に対してブロックしてくる面はあるでしょう。「今の学問のやり方はおかしい」と引っ繰《く》り返そうとしているところを感じ取っている部分はあると思います。

また、現在の学問は、「目に見えないものを信じない学問」になっているので、これは、信仰にとっては、「死滅《しめつ》していく道」でしょう。コペルニクス革命的な「科学の優位」を許した〝革命〟のあとの〝反革命〟が何らかのかたちで起きなければ、学問のなかで宗教はマイナーになって廃《すた》れていく一方であろうと思われます。一方では、そういう流れも入っているのではないでしょうか。

今回は、どこまで入ってこられるかは分かりませんけれども、参考になることを言ってくだされば幸いです。

内村鑑三を招霊《しょうれい》し、「信仰者《しんこうじゃ》の諸問題」への対処について訊《き》く

大川隆法　それでは行きましょう。いいですか。

これまでも何度かお呼びいたしていますけれども、今日は、内村鑑三先生に幸福の科学総合本部にお出《い》でいただけますでしょうか。

信仰《しんこう》や学問、学校教育、大学教育、あるいは、社会で生きていくための職業や、例えば教育の仕事、また家庭生活等も含《ふく》め、いろいろな面での迫害や差別、受難《じゅなん》や試み等、さまざまな意味での「信仰者《じゃ》のつまずき」があります。

そうしたつまずきをどう解決すればよいか。あるいは、「信仰者への慰《なぐさ》め」になるかもしれませんけれども、宗教を信じる者にとっての福音《ふくいん》になる話をお聞かせいただければ幸いかと思います。

内村鑑三先生の霊《れい》よ、内村鑑三先生の霊よ。

どうか、幸福の科学総合本部に降りたまいて、そのご本心を明かしたまえ。

内村鑑三先生の霊よ、内村鑑三先生の霊よ。
どうか、幸福の科学総合本部に降りたまいて、そのご本心を明かしたまえ。

（約五秒間の沈黙《ちんもく》）

2　なぜ、信仰者《しんこうじゃ》は社会とぶつかるのか

「信仰者《しんこうじゃ》は熱心になればなるほど、迫害《はくがい》されるもの」

内村鑑三　うーん。うん。

綾織　こんにちは。

内村鑑三　うん。うん。

綾織　本日はお出《い》でいただきまして、まことにありがとうございます。

内村鑑三　うーん。うまくいかんね。困ってるね。私なんかに訊《き》いても無駄《むだ》だよ。

綾織　（苦笑）そうですか。

内村鑑三　お金がないもんね。

綾織　いえいえ。

内村鑑三　私の苦しみの半分以上は、お金だからな。お金がなくて、苦しんでいたからな。君らは、もうちょっと〝うまい〟みたいだが。金がないと何もできないよ。建物も建たないし、事業もできないよ。事業がないから、「私の背中だけ見ろ」という教えで終わったわけよ。

だから、私は、君らの事業にアドバイスするような立場にないよ。

綾織　今、個人としての部分と同時に、幸福の科学という組織として、「世間《せけん》的な考え方」や「制度的なもの」とぶつかっているところがありますので、組織的なものにも話を広げながら、内村先生が経験されたことをお伺《うかが》いできればと思います。

内村鑑三　分かんないねえ。

綾織　そうですか（笑）。

内村鑑三　まあ、信仰者《しんこうじゃ》というのは偏屈《へんくつ》だからね。基本的に、差別されてもしょうがないのよ。もう一緒《いっしょ》に住めないのよ。〝村人たち〟は（一緒に）住めないの。とにかく、（信仰者を）〝つまみ出さないと〟いられないのよ。

そらあ、キリスト教の「アーメン」もたまらないけども、「南無阿弥陀仏《なむあみだぶつ》」も、

「南無妙法蓮華経《なむみょうほうれんげきょう》」も、みんなうるさいのよ（笑）。もう、川のなかに放り込《こ》みたいくらいの感じなのよねえ。

綾織　なるほど。宗教者はみな……。

内村鑑三　みなそうなの。熱心になればなるほど、一緒に住むのも嫌《いや》になるからねえ。まあ、基本的に迫害《はくがい》されることになっているのよ。
「鎧《よろい》を〝衣《ころも》〟で隠《かく》している状態」に限界が来ている幸福の科学

綾織　幸福の科学の場合は、そういう〝信仰一本槍《やり》〟のところと、この世とうまく合理的にやっていけるところの二つの面があると思うんですけれども。

内村鑑三　いやいや、もうそろそろ〝限界〟が来ているんだよ。もうそろそろねえ、スーツで隠《かく》せないところに来始めているんだよ。ぼちぼちね。もう駄目なんだよ。だからさあ、昔で言えば、鎧《よろい》を〝衣《ころも》〟で隠しているような状態だろう？　スーツを着て、ネクタイして、「サラリーマンがいつでもできますよ」みたいな顔してやっているけど、〝中身〟が違《ちが》うのは、みな感じてきているからさ。この世的に付き合っているようなつもりでいても、「エル・カンターレ信仰だ。おまえら、信じなかったら真っ二つ、一刀両断《いっとうりょうだん》だ」みたいな感じに聞こえてくるんだなあ。

綾織　〝真っ二つ〟に斬《き》るまでは言っていないと思うんですけれども（苦笑）。

内村鑑三　いや、もうすぐ、そうなるんだよ。

綾織　いえいえ（会場笑）。

内村鑑三　もうすぐ、そうなるんだよ。

綾織　やはり、「世の中の人にも幸福になってもらいたい」ということですので。

内村鑑三　いや、そんなことないよ。信じない人が不幸になってほしいのは、キリスト教なんかの本質だから。

綾織　（苦笑）（会場笑）キリスト教はそうかもしれませんけど。逆に言うと、「もっと開き直っていったほうがいい」というかたちになるのですか。

内村鑑三　いや、私は、組織を大きくするほうは、全然分かんないからさあ。（私の）言うことをきいたって駄目だよ。反対をやったほうがいいかもしれないよ。そんなのは、私に訊《き》かないで、ちゃんと教祖に訊けよ。私に訊いたって、大きくする方法なんて、全然分かんないですよ。

綾織　であるならば、いったん幸福の科学のことは置いておきまして……。

内村鑑三　いや、〝気持ち〟だけは解釈《かいしゃく》できるけどね。〝気持ち〟だけはね。いじめられる者の気持ちだけは分かる。それだけは分かる。

綾織　なるほど。

キリスト教などの一神教の流れにある「排斥《はいせき》する傾向《けいこう》」

綾織　では、その「いじめられる者の気持ち」という点についてお伺いしたいと思います。

有名な「不敬事件」があったわけですが、そのときのことについてお伺いします。

これは、支配的な国の価値観と、内村先生の信仰観がぶつかった場面だと思うのですが、「いじめられた者の気持ち」という点でいいますと、このときの経験は、どういうお気持ちでだったのでしょうか（注。一高講師時代に、教育勅語《ちょくご》の最敬礼を拒《こば》み、職を追われた）。

内村鑑三　まあ、「お辞儀《じぎ》の仕方が足りんかった。深さが足りん」ということでしょう。まあ、はっきり言やあな。

でも、これは、今的に言えば、「日教組《にっきょうそ》が『日の丸』を掲《かか》げたり、『君が代』を歌ったり、『起立』とか言って立ってやったりするのに抵抗《ていこう》したら、クビにするかしないか」みたいな感じに似ているから、私にとって、あまり有利な話ではないわけ。

綾織　ただ、それは、「唯物論《ゆいぶつろん》的なものなのか、信仰者としての姿勢なのか」という点で、まったく大きく違います。

内村鑑三　まあ、少しは〝狭《せま》い〟ところもあったかなあとは思うわな。「比較《ひかく》宗教学」的に、ほかの宗教をある程度受け入れるところまでは行っていなかった面があった。

キリスト教はいいところもあるんだけどねえ。まあ、キリスト教だけじゃないけど、あちらの「一神教」の流れのなかには、ほかのものを排斥《はいせき》する傾向《けいこう》があるんだよなあ。どうしても、そういう傾向が出るので、そういうふうに言っているわけではないんだけど、やっぱり、結果的にそうなるんだよなあ。

だから、基本的にエホバを「妬《ねた》みの神」みたいに言うのも分かるような気がするんだよねえ。結婚《けっこん》と一緒だよ。結婚したら、男だって女だって、ほかの異性を好きになったり、付き合ったりしたら、すぐ離婚騒動《りこんそうどう》になって喧嘩《けんか》したりするじゃない。〝妬みの神〟がたちまち現れてくるよねえ。一神教というか、「一人にする」ということには、そういう面がどうしても出てくることは出てくるんでねえ。

まあ、その「一神」がメジャーならいいけど、メジャーでない国柄《くにがら》等であれば、メジャーなほうから反発は出るわなあ。

日本では（キリスト教は）メジャーではなかったわなあ。少なくともねえ。だから、いじめられてもしょうがないわなあ。

イエスのような迫害《はくがい》を呼び込《こ》む「受難礼賛《じゅなんらいさん》思想」

綾織　迫害《はくがい》の受け止め方について、生前、内村先生が書いたものを読んで、「ここまで逆転した考え方になるのか」と驚《おどろ》いたところがあります。それは、「迫害は、世のためにもまた益《えき》がある。私はこれによって、多少世の罪を贖《あがな》わさせられる」というものです。

内村鑑三　それはねえ、過去のキリスト者《じゃ》はみな、見習いたいからね。「イエスが受難《じゅなん》を受けているのに、その弟子筋《でしすじ》にある人たちが、ぬくぬくと成功して楽な一生を送る」みたいなのに、みんな罪悪感を感じているのさ。

綾織　罪の意識があるわけですね。

内村鑑三　だから、呼び込《こ》み？　深層心理的に言えば、キリスト者は、自分で迫害を呼び込むようなものを持っているところがあるんでねえ。自ら進んで、そういう〝釘《くぎ》を打たれたがる癖《くせ》〟は少しあるね。

綾織　そうですね。内村先生は生前、まさに、「私は喜んで迫害を受ける」というようなことをおっしゃっていました。

内村鑑三　うん。何をやったら、周りから石つぶてを投げられるかを知っていながら、「やむにやまれぬ大和魂《やまとだましい》」じゃないけど、「知っておりながら、やめられない」

みたいな、そういう矛盾《むじゅん》したものがあるね。

だから、先人たちが、逆《さか》さ十字に架《か》かったり、ライオンに食われたり、いろいろしながら伝道したのを思うと、なんか、スーッと認められちゃいけないような感じというのはあるよな。「できるだけ激しくやれば、イエスみたいに迫害を呼んで、早く死ねるんじゃないか」みたいな、そういう「受難礼賛思想《じゅなんらいさんしそう》」も一部はあるね。

幸福の科学のなかにも「受難礼賛思想」があるのか

綾織　幸福の科学について考えたときに、「そういう思想はない」と言っていいと思うんですけれども。

内村鑑三　いや、一部あると思うよ。

綾織　ああ、そうですか。

内村鑑三　うん。一部あると思う。一部はあると思うなあ。

綾織　呼び込んでいる？

内村鑑三　一部はあると思う。

斎藤　それは、内村先生から見て、どういうところですか。

内村鑑三　〝弟子のところ〟には、そういうのがたくさんある。

斎藤　弟子のところで？

内村鑑三　うん、うん。たくさんある。

斎藤　「総裁にはないけれど、弟子にある」ということですか？

内村鑑三　先生のところは、そのへんに緩《ゆる》やかな〝緩衝帯《かんしょうたい》〟を持っていらっしゃって、適度に調整をなされるようだし、〝翻訳《ほんやく》〟したり、適当に相手に合わせ、適度に〝弾力《だんりょく》〟を出されるようなところがあるけど、弟子のほうは駄目だね。基本的には、みんな、〝岩の塊《かたまり》〟を山の上から投げ落とすようなことばっかり、平気でずっとやっていらっしゃるから、そんなに変わらないんじゃない？

綾織　では、その弾力や調整という部分が……。

内村鑑三　全然できないでしょう？　一般《いっぱん》的には、「洗脳されている状態」とほとんど一緒と言えば、そのとおりだな。

綾織　なるほど。それしか言えない、考えられない？

内村鑑三　だから、今は、〝竹槍《たけやり》〟を持って突《つ》っ込んでいっているだけに見えるけれども。まあ、そういうふうに見えれば〝一兵卒《いちへいそつ》〟だけども、別の意味で言えば、「堅《かた》い信仰者《じゃ》」であって、「信仰一本でやっている」ということであるわけだ。

「信仰《しんこう》」と「学問」の両立は可能か

綾織　「堅い信仰者《しんこうしゃ》であること」と、「柔軟性《じゅうなん》や調整を働かすこと」を両立するのは難しいですよね。

内村鑑三　まあ、基本的には、「教養」が足りないから、そうなるんだけどね。

綾織　そういうことですか。

内村鑑三　そういうことなんだよ。知らないから、そうなるんで。「一神教」を信じて、それだけを勉強し、ほかの勉強が足りないと、やっぱり理解できないからね。基本的にはね。

綾織　では、信仰は信仰でバシッと立てながら、教養を積めば、両方が成り立っていくということですか。

内村鑑三　だけど、それにも、〝危険な道〟がもう一つあるからさ。

今の宗教学者たちもそうだろうけど、信仰心を持たないで、宗教研究をやっているような人は、「判断中止」をやって、「エポケー（判断中止）」の世界に逃《に》げ込んで、「自分がどれを信じる」とかいうことは決して言わない。「神様を信じる」とも、「仏様を信じる」とも、「あの世を信じる」とも、「あの世がある」とも、「霊《れい》がある」とも、何も言わずに宗教の研究をしているようなんで。それで論文を書いて、学者をやっている人がたくさんいるじゃないの。これが正しいんだって教わっているでしょう?

まあ、こういうふうになるから、いろんなことを知っとれば、今度は柔軟になるかといったら、そんなことはなくて、知っとれば知っとるだけ、今度は〝鉄板《てっぱん》〟みたいになって、全然通らないようになることもある。

石川　内村さんは著作で、「『信《しん》』は人を深くし、『学《がく》』は人を広くする」というようなことをおっしゃっていました。今、「教養が足りない」というお話がありましたので、信仰と学問の関係についてお教えください。

内村鑑三　まあ、何て言うかねえ、「知識が多い」ということと、「人間として深くなって器《うつわ》が大きくなる」ということは、一緒ではないんだよねえ。関係はあるんだけど、必ずしも一緒じゃない。

だから、勉強すればするほど、偉《えら》くはなるけど、冷たくなって人を見下《みくだ》していくような人や、人を許容しない人も出てくるし、逆に言えば、聞きかじりの信仰だけで伝道して、ほかの人を傷つけるような人も出てくるし、いろいろあるわなあ。基本的には、その人の素質もあれば、気質、才能、努力、いろんなものが出てくるんだろうけど、この社会において試《ため》されるということだな。

社会的なトラブルが「宗教的ＰＲ」になる面もある

内村鑑三　ただ、言っておくと、社会的にいろいろなトラブルが起きることもあるが、それはまた、古いスタイルでの「宗教的ＰＲ」でもあるわけです。意図《いと》しているわけではないんだけど、実際上、ぶつかり合いが出てくる。そうすると、注目を集めたり、有名になったりするところもある。

昔の宗教者はみんな、そんなところがあると思うけど、頑《かたく》なで、頑固《がんこ》であればあるほど、摩擦《まさつ》は大きくなる。摩擦は大きくなるけど、周りの関係ない人から見れば、〝見世物《みせもの》〟としては面白《おもしろ》いぐらいのぶつかりが出てきて、火花が散るわけだね。石《せき》英《えい》と石英がぶつかって、火花が散るようになってくる。

そういう意味で、多くの人に知られたり、記憶《きおく》されたりするようなこともある。「何も摩擦がなく、みんなと一緒に隠れて終わりました」というだけでは、何の仕事もしないで、終わりになることもありえるわねえ。

綾織　そのＰＲがマイナスに働く場合もあれば、ものすごくプラスに働き、「そういう宗教なんだ。一本槍なところがあり、信仰が立っているんだ」ということが伝わる場合もあると思いますが……。

内村鑑三「人《にん》・時《じ》・所《しょ》」があるからねえ。クリスチャンでも、おそらくキリスト教の同じ宗派《しゅうは》のなかで、授業中に自分の信ずるキリスト教の教えについて説いたところで、問題にはならないだろうけれども、キリスト教の学校で、「私は阿弥陀様を信じてます」とか、「日蓮《にちれん》を信じてます」みたいな話をして、父兄《ふけい》が聞きつけたら、文句を言ってくるだろう。また、公立の学校で、キリスト教の話は少しぐらいはいいかもしらんけど、やりすぎて、伝道のために「教会へ行け」とか言い始めたら、（文句を）言われることはある。

このへんのところは難しいよな。熱心になったら、ある程度、やっちゃうもんね。「どのへんが、みんながまあまあ納得《なっとく》する内容か。納得できないところまで行くか」という加減《かげん》が分かる人と、分からん人がいるわけよ。熱心な信者がトラブルをつくることはよくあって、それが、ほかの人やほかの組織にまで迷惑《めいわく》が及《およ》ぶことはよくあるわけよ。

だから、私みたいなタイプは、一人でやっているのがいいのであってね。組織を持つと、組織に迷惑がかかるタイプなんだよね。本当はね。

綾織　幸福の科学大学の話になってしまうのですが、やりすぎたところがあったのでしょうか（注。幸福の科学大学の開設申請《しんせい》が、二〇一四年十月二十九日、文科省の審議会《しんぎかい》によって不認可とされた）。

内村鑑三　いやあ、おたくの弟子《でし》は、みんな、同じようなもんじゃないの？

綾織　ああ、そうですか。

内村鑑三　うん。この三十年、変わってないよ。

綾織　はい……。

内村鑑三　うーん。

3 「信仰《しんこう》を貫《つらぬ》く」のは命《いのち》懸《が》けである

「信仰《しんこう》」を教えなければならなかった八〇年代の幸福の科学

斎藤　今、お話を聞いていまして、思い出すことといたしましては、二年前にも、内村先生の霊言《れいげん》がありましたが（前掲《ぜんけい》『公開霊言　内村鑑三に現代の非戦論を問う』参照）、実は、今から二十八年ほど前の一九八六年に、大川隆法総裁に、内村先生が最初に霊示を降ろされたときの霊言のことです（『大川隆法霊言全集　第28巻』〔宗教法人幸福の科学〕参照）。

内村鑑三　ああ、昔ね。

斎藤　はい。そのときは、「妥協《だきょう》を許さない性格」というものが、極《きわ》めて浮《う》き彫《ぼ》りとなった霊言になっていました。

また、そこで、われわれに、非常に影響《えいきょう》を与《あた》えた言葉として、「信仰《しんこう》を持つ人間は、鉄の柱となり、青銅《せいどう》の扉《とびら》となれ」という言葉がありました。

内村鑑三　うーん。

斎藤　こういう強いメッセージを持った霊言が、私たちの心のなかにも遺《のこ》っていまして、それが非常に、勇気の糧《かて》となり……。

内村鑑三　君たちには、信仰心が、まったくなかったもんね。

斎藤　ええ。ああ、「ええ」って……、すみません（苦笑）。

内村鑑三　あのころは。

斎藤　ええ。当時は、まだ学習団体で、信仰団体ではありませんでしたから。

内村鑑三　まったく信仰心がなかったから、何とかして「信仰」っていうのを教えなきゃいけなかった。

斎藤　はい。

内村鑑三　まあ、そういうことで言ったんだけど。信仰心は〝ゼロ〟だったからね。

斎藤　はい。

内村鑑三　九〇年代になってからは、ちょっと、信仰心が出てきたもんで、今は、当然のように言ってるかもしらんけども、昔はなかったから。八〇年代には、信仰心はなかったでしょ？

斎藤　なかったです。

内村鑑三　うん。はっきり言って。

斎藤　はい。

内村鑑三　だから、誰《だれ》かが言わなきゃいけなかった。いろんなかたちで。

斎藤　ああ。そこで、「信仰において、鉄の柱となり、青銅の扉となって、強くなれ」というようなことを……。

内村鑑三　うーん。いや、もっと言やあ、もう、「死ね」というぐらいまで言わなきゃ……。

斎藤　「『死ね』と言え」ということになると……。

内村鑑三　そのくらいまで言わなきゃいけないんだけど、まあ、それを言わなかったのは、総裁の「慈悲《じひ》の心」だと思いますよ。

斎藤　ああ……。「そのときには言わずに、弟子《でし》が育つのを待っていた」と……。

内村鑑三　それと、「ライオンに食われろ」とまで言いたいのかもしれない。

斎藤　ああ、もう、当時は。

内村鑑三　うん。本当は、そう言いたいのかもしれないけども。

斎藤　ははあ……。

職員が「宗教は格好悪い」と考えていた初期の幸福の科学

斎藤　では、そうしたことを、あなた様からの「教え」として、霊言で間接的に教わったという……。

内村鑑三　うん。まあ、だから、私たちが間接的に〝球《たま》〟を投げて、「おまえら、信仰が足りないぞ」と、いろいろ言ってはいたわけだけど、なかなか根づかなかったわね。

少なくとも、最初の五年ぐらいは、「信仰心」っていうものを、まったく理解しなかったし、職員でも、「信仰を持つことは格好悪いことだ」と思ってる人がいっぱいいたよな。

斎藤　ああ……。

内村鑑三　「宗教は格好悪い」っていうことで、宗教じゃないように見せようとしてたよね。

斎藤　外から見て、「会社のような姿」ということですか。

内村鑑三　うーん。というか、まあ、社団法人にしようとしたりさ。

斎藤　社団法人とか、財団法人とか。

内村鑑三　「宗教だけはやめよう」みたいな、「研究所みたいな感じで行こう」とか、けっこうやってたよね。だから、信仰心がない。

まあ、やっぱり、学校と会社で十分この世に染まり上がった人たちが、「新興宗教に入ったって言ったら評判が悪いから嫌《いや》だ」ということで、何とか格好つけようとしてた。だから、八〇年代っていうのは、中にいる職員のほうが、「宗教法人にならない方法はないか」ということを、一生懸命《いっしょうけんめい》に探してたような状況《じょうきょう》だったなあ。

（斎藤に）あんたは、いたはずだけどねえ。

斎藤　おりました。

内村鑑三　まあ、その情報は、あんたのところまで下《お》りてこなかったかもしれないけども、だいたい、そういう人が局長をやってたでしょ？

斎藤　はい。

内村鑑三　うん。だから、信仰心なんかなかったのよ。

斎藤　そうですね。当時は「宗教法人格」を取得していなかったので、まだ、そういう状況でした。

内村鑑三　嫌がってたよ。むしろね。

斎藤　あ、そうですか。

内村鑑三　うん。（宗教法人を）取ろうとするよりも、むしろ、宗教になるのを嫌がってたよね。

信仰《しんこう》に必要なものは「勇猛果敢《ゆうもうかかん》さ」

斎藤　ただ、「強い鉄の柱や青銅の扉となる」という、内村先生の信仰《しんこう》に対するお考えを実践《じっせん》すると同時に、先ほどおっしゃったような、「相手に合わせて調整する」「教養を持って理解する」というようなところとのバランスを取ることが、今、非常に難しいところではないかと思っています。そこで、霊界《れいかい》におられる今、どのような〝信仰像〟が必要であると感じているでしょうか。

われわれに苦難、困難が来て、それに対して、グーッとぶつかっていくときには、「摩擦《まさつ》」があり、「悲しみ」や「つらさ」などが出てくるのですが、そのとき、どういう心を持てばよいのでしょうか。今、われわれも、堅《かた》くなりすぎても、受け止めすぎてもいけないという、バランスがすごく難しいところがありまして、ぜひ、このあたりについてのアドバイスを頂ければと思います。

内村鑑三　まあ、これは、〝もう、ほとんど言っても無駄《むだ》〟な世界だね。

斎藤　ああ。

内村鑑三　だから、やる人は、（自分の軍勢が）三百人の兵隊であっても、十万人の軍勢とでも戦うんですよ。信仰じゃなくても、戦う人は戦う。三百人で、十万や二十万の軍勢とでも戦う。

斎藤　はい。

内村鑑三　しかし、こちらにも十万の軍勢がいても、逃《に》げる人は逃げる。そういうところはあるんでねえ。やっぱり、それはしかたがないわね。

だから、そらあ、淘汰《とうた》がかかるんじゃないの？　後世に名が遺《のこ》るような弟子として残るか残らないか、篩《ふるい》にかけなきゃいかんでしょう。君みたいに、「古くからいるというだけで幹部になれる」っていうのではいけないわけで、やっぱり、それは、篩にかけなきゃいけないわけよ。

いろんな事件がいっぱい起きて、「その都度《つど》、生き延びられるかどうか」っていうことについては、篩にかけなきゃいけないわけで、そこで篩にかけられて弾《はじ》かれた者は、新しく入ってきた、純粋《じゅんすい》で熱心な方と交替《こうたい》し、彼らが次の幹部になるべきだ。それに押《お》し出されずに残って、〝へばりつく〟には、やっぱり、それなりの勇《ゆう》猛果敢《もうかかん》さがなければ残れないわなあ。信仰には、そういうところがあるよ。

「総裁が優《やさ》しすぎて、弟子《でし》が『弟子の道』を分かっていない」

斎藤 「勇猛果敢さ」という言葉が、非常に胸の奥《おく》にドンと来たのですが、「篩にかかるなかでの勇猛果敢さ」というものは、どういった思いで出てくるのですか。

内村鑑三 ああ、だから、小賢《こざか》しいとね……。

斎藤 「小賢しい」？

内村鑑三 うん。（小賢しいと）教えや行動のなかでの〝粗《あら》〟を見つけて、「自分が熱心に〝槍《やり》〟を持って突《つ》っ込《こ》んでいかない理由」を考えるわけよ。

斎藤 はあ。

内村鑑三　できない理由を、いっぱい挙げ始めるから。

斎藤　できない理由ですか。

内村鑑三　だから、この世的に、いい大学を出てたり、それから、一流会社に勤めてたり、給料が高かったり、あるいは、奥さんの言うことがうるさかったりするような人、「子供が学校に行かなきゃいけないから、どうのこうの」とか言ってるような人たちは、みんな、何だかんだと屁理屈《へりくつ》をこねて、やっぱり、一生懸命に「やらない理由」を考え出すわけよ。

それから、「信仰の部分を隠《かく》して、ほかのところに紛《まぎ》れていって、仕事の中だけでやってみせる」みたいなことを平気でやるわな。「それが、だんだん〝むき出しの銅《どう》〟みたいな感じになってきても平気な人も出てくる」っていうところかなあ。

まあ、そのへんはあるわな。

いやあ、難しい。実に難しいよ。「弟子《でし》の道」も難しい。先生としての、「師の道」も難しいけど、やっぱり、「弟子の道」も難しいわ。

斎藤　「弟子の道」ですか。

内村鑑三　ああ、難しいわ。だけど、ここはまだ、総裁がねえ、三十年近くやってるけどさ、「弟子の道」を、あんまり説いてないわね。だから、これについては、私が、もうちょっと後ろから〝槍〟で突《つつ》いたろうかと思ってるんだけどな。

斎藤　〝槍〟で突く。ええ（苦笑）。

内村鑑三　うん、なんか、ちょっと優《やさ》しすぎるわな。弟子に優しすぎるわ。

斎藤　総裁が弟子に対して優しいから、「弟子の道」が分からない？

内村鑑三　うん、うん。優しすぎる。弟子の失敗みたいなものを、一生懸命に（自分が）被《かぶ》ろうとして、自分で片付けようとするもんね。これは優しすぎるわね。

斎藤　ああ……。確かに。

内村鑑三　こんなことをやってたら、もう何回、〝茨《いばら》の冠《かんむり》〟と〝十字架《じゅうじか》〟が来るやら分からないからさ、やっぱり、それに関しては、適当に弟子にも戦ってもらわないといけないいんだよ。

「信仰《しんこう》」とは「武士道」と同じく切腹覚悟《せっぷくかくご》でするもの

綾織　今は、霊言の場ですので、もし総裁に代わって、内村先生が、その「弟子の道」というものを説かれるとしたら、どうなりますか。

内村鑑三　うん、だからねえ、まあ、何と言うか、「ウンモ星人という、逃げ回るような弱い宇宙人がいる」というのは、チラッと聞いたけどさ。やっぱり、内村鑑三の霊言をするときに、（胸元《むなもと》の蜂《はち》のブローチを触《さわ》り）蜂のブローチなんかを着けさせられないようにしなきゃいけないよなあ（注。ウンモ星人とは、以前の宇宙人リーディングによると、体長約三メートルの蜂のような外見をしている宇宙人で、性格的には臆病《おくびょう》で平和を愛し、キリスト教に似た「愛の教え」と「科学的思考」を両立させているという。母星が食糧《しょくりょう》危機に陥《おち》ったため、移住先を探して地球にも飛来している。『宇宙人との対話』〔幸福の科学出版刊〕参照）。

斎藤　（笑）

内村鑑三　まあ、そういう、何て言うの、弱さを象徴《しょうちょう》するようなものを着けられないようにしなきゃいけないよねえ。

まあ、「蜂の一刺《ひとさ》し」ってあるけど、蜂だって、刺したと同時に自分も死ぬんだからね。相手も、死ぬことがあるぐらい痛いよ。大きな蜂にブスッと刺されたら、人間だって死んじゃうことがあるけど、刺すほうの蜂も、針を発射したら死んじゃうんだよなあ。

斎藤　蜂の針が根元《ねもと》から取れてしまって……。

内村鑑三　ああ。信仰《しんこう》っていうのは、最後は、そんなところまで行くからねえ。

「信仰を貫《つらぬ》く」っていうことは、「針でブスッと刺す」ということだからね。

斎藤　ああ。

内村鑑三　その代わり、針が自分の体から抜《ぬ》けて、相手のなかに刺し込んだ場合は、刺し込んだ本人も死ぬんだよ。信仰っていうのは、そこまで行くからね。

斎藤　それは、すごく激しい……。

内村鑑三　うん。だから、ある意味ではねえ……。まあ、私は「クリスチャン」だけどもね、「武士道」と変わらないですよ。

斎藤　クリスチャンと武士道の共通点というのは……。

●**クリスチャンと武士道**　内村鑑三は、佐幕系の高崎藩士の家に生まれた。内村は、「武士道的キリスト教」という言葉を口にしている。「武士道と基督教」(1918年1月10日付発行「聖書之研究」所収)では、「神が日本人より特別に要《も》求《と》め給ふ者は武士の霊魂《たましひ》にキリストを宿らせまつりし者である」と記している。

内村鑑三　もう、それは一緒《いっしょ》ですよ。切腹覚悟《せっぷくかくご》でやらないとできないですよ。ねえ。

今のキリスト教は「出発点からして情けない」

石川　旧版の『太陽の法』（大川隆法著・土屋書店刊・現在は絶版）の、いちばん最後のところには、イエス様のお言葉として、「一粒《ひとつぶ》の麦、もし死なずば……」というような表現があったと思うのですが、もし、何か、そうしたところとの関係がありましたら……。

内村鑑三　いや、だから、キリスト教も、今、美化していろいろ伝わっていて、弟子たちが、自分たちの声を合理化して、うまいことつくり上げてきてるけどさあ、現実は、先生を捨てて、みんな逃げたんだろう?　内容を見れば、それ以外ありえないじゃない。みんなねえ、本当は、ローマ軍に捕《つか》まる必要はないのよ。イエスが戻《もど》ってきて、みんなの首を斬《き》ったら、もう、いいぐらいだよね。「おまえら、裏切ったな」と。

イエスが再臨してきて、もう一回復活してきて、鎌《かま》を持って、首を斬って歩いてもいいぐらい。先生のことを「知らない」とか言うっていうのは、許せないわな。それが初代の教皇とか、そんなのね、出発点からあまりにも情けないよな。

まあ、君らは、その段階を、少しは超《こ》えてくれたんじゃないかとは思うけどね。さすがに、その段階ではないとは思うけども、まだ、ちょっと、初期のころの五年ぐらいは、そのくらいの段階があったかなあ。九一年以降、ちょっとずつ変わっていったとは思うけどねえ。

迫害《はくがい》を受けたとき「イエス様の気分が少しだけでも分かった」

斎藤　内村先生の戦い方というのは、激しくて、お弟子さんだった藤井武《ふじいたけし》氏から言いますと、「内村先生の人生は、すべての真理の敵に対して、戦いを宣言した」ということで、「自分以外、全部敵」というような感じでした。そこまで……。

内村鑑三　うん、だから、それは、「みんな刑務所《けいむしょ》に入るところまで覚悟しなきゃいかん」っていうことだわなあ。

斎藤　はあ。

内村鑑三　うん。それはそう。「信仰を貫くために、（刑務所に）ぶち込まれる」ということですねえ。

斎藤　それは、「自分の信仰を曲げない」という……。

内村鑑三　隠れキリシタンとなって生き延びる方法もあるし、（信仰を）隠さない

●**藤井武**　(1888 − 1930)　内村鑑三門下生。聖書研究者。伝道者。東京帝国大学卒業後、内務省から内村鑑三の助手へ。後に独立し、雑誌『旧約と新約』の創刊、神学著作等を著す。

で、刑務所行き覚悟でやる人もいるということです。

時の政府の流れによっては、そうなりますからね。禁圧してたり、まあ、踏《ふ》み絵を踏ませるときにも、黙《だま》って踏み絵を踏む人もいれば、関係なんて分からないで踏む人もいれば、「命あっての物種《ものだね》」と思う人もいるし、「そんなことはできない」と言って、死を選ぶ人もいる。

日本のキリスト教史にだって、そういう激しいものは、幾《いく》らでもあるんじゃないですか。十字架に架かった人はね。

斎藤　確かに。先ほど冒頭《ぼうとう》で、綾織のほうからもありました、「不敬事件のときには、いろいろと迫害的《はくがい》なことも受けた」ということに関しまして、周りを囲んだ、すべての敵のなかにはマスコミもあり、当時、数えた人によると、「徹底《てってい》批判した新聞が五十六紙、記事や論説では百四十三種が、いっきに来た」ということであったわけですが、囲まれたときは、どうだったのですか。

内村鑑三　うーん。まあ、いわゆる……、何だろうねえ……。うーん。まあ、「隠れキリシタン」みたいな感じかな？　迫害を受けてる、「隠れキリシタン」みたいな感じにはなったかなあ。

イエス様の気分が、少しだけでも分かったよ。何て言うか、庇護《ひご》してくれる人の家を転々として行ってた感じ？　でも、最後は捕《つか》まっていって、誰も助けてくれない感じ？　「孤独《こどく》な最期《さいご》を、拷問《ごうもん》で締《し》めくくる」っていう……。何か、これは、〝マゾ〟なんかなあ。分からないけど。

斎藤　ああ。

4　内村鑑三が日本人の「信仰心《しんこうしん》」を叱《しか》る

「なぜ日本ではキリスト教が広がらないのか分からなかった」

石川　確か、飢《う》え死にしかかったことも何度かあったり、九州まで行ったりされたと思うのですが、そのあと、キリスト教の雑誌などを細々《ほそぼそ》と刊行され、そこに、ロマ書の「我は福音《ふくいん》を恥《はじ》とせず」ということを掲《かか》げられていました。おそらく、いろいろな、この世の自己実現欲などもあったと思うのですが、最終的には、やはり、福音に頼《たよ》るしかなくなったと思うのです。そのあたりの心境などをお教えいただければ幸いです。

内村鑑三　いや、結局ねえ、なんでキリスト教がこんなに広がらないのかが、やっぱり、われわれには分からなかったわけよねえ。

フランシスコ・ザビエルから、ずーっと（布教《ふきょう》活動を）やっていたけど、明治の文明開化の時代には、洋風文化がいっぱい入ってきて、「牛鍋《ぎゅうなべ》を食べれば角《つの》が生《は》えてくる」なんていうふうなことを考える迷信《めいしん》深い人たちが、牛鍋を食べるような時代になった。それで、キリスト教を信じる教授が日本にいっぱい来て、教えていたけど、それでも、信仰《しんこう》だけは、どうしても根づかないっていうのかなあ。

キリスト教の大学をはじめ、学校もいっぱいできたけど、結局のところ、「どうしても『一パーセントの壁《かべ》』が超《こ》えられない」っていうので、ずーっと今まで来てるじゃない。

この日本でなぜ広がらないのかは、外国にいるキリスト教の教会とか、そういう母体のところも分からないし、日本で伝道してるわれわれも、やっぱり分からなかったんだ。

非常に分かりにくい、日本人の〝お色直し的信仰心《しんこうしん》〟

内村鑑三　日本っていうのは非常に複雑な国で、無信仰《むしんこう》のようであって、なんか違《ちが》うんだよなあ。無信仰のようであって、無信仰でないんだよなあ。この二重、三重性がちょっと分かりにくいんですよ、とってもねえ。

石川　例えば、明治に、愛媛《えひめ》のほうにも教会があって、そこでは、「村八分《むらはちぶ》になっても構わない」とか、「嫁《よめ》の来手《きて》がなくても構わない」とか、そうした、さまざまな厳しい条件をのんだ人だけが信者になるような感じだったと聞いています。

また、江戸《えど》時代には、長崎《ながさき》で「島原《しまばら》の乱」等もあったわけですが、それほど、日本にキリスト教的なものが入れなかったというのは、何か……。

内村鑑三　だからね、日本人の特殊性《とくしゅせい》があるんだよねえ。こちらで、例えばねえ、渋谷《しぶや》でインタビューして、「信仰心はありますか」「神様を信じてますか」「あの世を信じてますか」と言ったら、「そんなものありません」って言うような人が、けっこう、七割や八割は出てくるわけよ。

ところがね、伊勢神宮《いせじんぐう》で式年遷宮《しきねんせんぐう》があって、一千何百万人も行くとね、お伊勢さんの橋を渡《わた》って、境内《けいだい》のなかで「神様を信じてますか」ってインタビューしたら、「信じてません」って言う人はねえ、ほとんどいないですよ。

「信仰心はありませんか」って言ったら、「いや、信仰心はあります」とかね、「天照大神《あまてらすおおみかみ》様をどう思いますか」って言ったら、「尊いと思います」とか、橋を渡れば、みな信仰心があって、橋を引き戻《もど》ってきて元に戻れば、なくなるんだよ。新幹線に乗ったら、きれいになくなる。

この変わり身というかねえ、〝お色直し的信仰心〟っていうのかなあ、これは分からないわねえ、われわれにはね。うん。すごい。この日本人の、十二単《じゅうにひとえ》みたいに何重にも着てるような信仰心。もう何枚も何枚も着てるのよ。これが分からないねえ。

綾織　「それぞれの宗教に対して、緩《ゆる》やかに信じることができる」という状況《じょうきょう》なのでしょうか。

内村鑑三　うん。だからさあ、ハロウィンだって、何だか分からないのに、みな、やってんだろう？　今。

綾織　はい、本当に。渋谷で仮装行列みたいなものをやっていました。

内村鑑三　まあ、ちょっと、おかしいんじゃないか、なんかねえ。渋谷は、キリスト教が年末には一生懸命《いっしょうけんめい》やるところだからねえ。

ハロウィンって、そら、もう〝宗教戦争〟が起きちゃう、本当はね（注。ハロウィンは、古代ケルト人に由来する、秋の収穫祭《しゅうかくさい》。宗教的には、悪霊《あくれい》などを追い出す意味があるが、本来、キリスト教の行事ではない)。

教会に行って、ちょっと叩《たた》き出さなきゃいけないことなのに、クリスチャンや外国人で、一緒《いっしょ》になってやってるやつも、たくさんいるんじゃないかなあ、きっと。だからねえ、ちょっと、「日本人のお祭り好き」っていうかなあ、そういうのはあるんだろうと思うんだけど、分かりにくいですね。ロジカル(論理的)な人間じゃないね、はっきり言って。

綾織　はい。

内村鑑三　うん。これはロジカルじゃないわ、はっきり。ロジカルであるよりも、人とのつながりのほうを大事にする民族だね。どっちかと言やあね。

内村鑑三は「幸福の科学の信仰《しんこう》」をどう見ているのか

綾織　そうなると、幸福の科学もそこに並べていいのかどうかは分かりませんが、キリスト教など、「かなり強い信仰《しんこう》を持った宗教団体が受け入れられようとすると、ものすごく抵抗《ていこう》に遭《あ》う」ということなのですか。

内村鑑三　私の信仰は、富士山《ふじさん》で言えば、もう「富士山の頂上を目指してる信仰」だけど、おたくの信仰は、「頂上も見ながら裾野《すその》のほうも気にしてる信仰」だからさ。

ほかの、その他、有象無象《うぞうむぞう》の人たちも、何とか裾野のなかに入れようとしているような感じには見えるわなあ。私なんかから見りゃ、そりゃ純粋《じゅんすい》ではないんだけども、現にあるものも、ある程度、受け入れようとしてはいるわな。

だから、「これが広がるのか薄《うす》まるだけなのか。信仰が薄まるだけなのか広がるのか」、微妙《びみょう》なところだな。信者数が多くても、実際は、必死になって実動《じつどう》する人の数が増えない理由は、要するに、「名前だけの信者がたくさんいる」っていうことだわな、現実はな。そういうことだと思うなあ。

斎藤　「内村先生は、〝信仰の教室（聖書研究会）〟を開き、お弟子《でし》さんをいろいろ入れて、教えたときに厳しかった」と、先ほど、大川隆法総裁が導入で解説されていました。

その際、「厳しくて、お弟子さんがどんどんやめてしまった」という話もあるのですけれども、どのようなところで厳しかったのでしょうか。

例えば、物分《ものわ》かりが悪いので厳しくしたのか、態度が悪いからなのか、あるいは、探究心がないので、「やる気がない」と見て駄目《だめ》だったのか。どのようなところをお叱《しか》りになったのですか。

●弟子への厳しさのエピソード　弟子の藤井武氏が「聖書之研究」誌に掲載した文章を見て、その内容に対し、内村は猛烈に怒り、彼を呼び出して叱責した。その最中、火鉢から内村の着物に火が燃え移っても気づかずに叱り続けている激烈なる姿を見て、藤井は震え上がったと言う。

内村鑑三　うーん、まあ、全部、叱ったんじゃないかなあ。

斎藤　いえいえ（苦笑）。「全部、叱った」と言われると困るのですが、例えば、パッと、われわれの心を見たときに、「バシッとやりたいとき」というのは、どのようなときですか。

内村鑑三　分からないですけど、そらあ、大川総裁の指導霊《しどうれい》を「内村鑑三、一本」に絞《しぼ》ってくだされば、毎日、怒《おこ》れるので。もう、毎日、叱ってばっかりです。そりゃあそうですよ。

斎藤　え？　どのあたりをですか？

内村鑑三　座《すわ》ってるだけじゃないの。

斎藤　座ってるだけ？

内村鑑三　仕事してないじゃん、全然。座ってるだけ。

斎藤　いえ、いえ、いえ。いろいろな仕事がありまして……。

内村鑑三　そんなの、もう、私は絶対、許さないよ。

斎藤　え？

内村鑑三　絶対、許さないよ、そんなの。許さない。

斎藤　許さない？

内村鑑三　うーん、許さない、許さない。許すわけないじゃない。こんなのは、「絶対、許せない」ですよ。

斎藤　いったい、どのように許さないのですか？

内村鑑三　そんな、「座ってるだけで仕事になってる」っていう、そんなもん許さないですよ、信仰者《じゃ》としては。

斎藤　信仰者として許さない？

内村鑑三　ああ、毎日、「救済行《ぎょう》」をやらないと、やっぱり駄目ですよ。

斎藤　あっ、毎日、「救済行」をしていないから？

内村鑑三　うーん。（今日は）雨が降ってる。これはもう、絶好の信仰心を試《ため》すときであって、「雨のなかで、きちんと雨に打たれてやらんかい」と、そらあそう思いますわなあ。

斎藤　はあ、なるほど。

内村鑑三　「家のなかで雨宿《あまやど》りをしとるな」っていうところだよなあ。

斎藤　雨宿りをしては駄目なんですね（苦笑）。雨が降ったら、では、全部、すぐに外に出て救済行を……。

内村鑑三　ああ。

内村鑑三が求める「あるべき信仰《しんこう》の姿」とは

内村鑑三　そんなの、幹部で生き残ってる人なんかいるわけがないでしょう？　私が二十八年もいたら。

斎藤　（苦笑）

内村鑑三　そんなの、みんな、いなくなってるよ。そりゃ当然だよ。当たり前じゃない。え？　当たり前だ。

斎藤　それを乗り越《こ》えると、どのようなかたちになるのでしょうか。どうすれば、理想の弟子の姿になってくるのでしょうか。

内村鑑三　だから、もう、百パーセント信じないやつは要《い》らないんだよ。

斎藤　え？

内村鑑三　うん、百パーセント信じないやつは要らないのよ。

斎藤　「要らない」というのは、〝捨ててしまう〟のですか？

内村鑑三　うん。だから、おたくの幹部はさあ、だいたい、先生の言うことをきかないやつほど長く生き延びてるからさあ。

斎藤　そのようなことはないと思いますけれども……。

内村鑑三　だから、そういうねえ、〝不純な信仰心《しんこうしん》〟は、やっぱり、ぶった斬《ぎ》らないと駄目なんだ。〝宮本武蔵《みやもとむさし》〟に斬ってもらえよ、もう首をみんな、パシパシパシパシパシシーッと。

斎藤　（苦笑）さっぱりと……。

内村鑑三　六十何人ぐらい斬れるから、きっと。だからね、不純なやつほど長生きしてるよ、おたくを見てたら。君なんか、もう〝最高〟なんじゃないか。（勤めている）長さは、いちばん長いんじゃない？

斎藤　そうですか。

内村鑑三　よっぽど不純なんだわ。

斎藤　よっぽど不純？

内村鑑三　ああ。

斎藤　（神妙に）すみません。

内村鑑三　純粋だったら、もうとっくにいなくなってるはずだからな。

斎藤　（苦笑）そうですか。これは公開の場なので、ちょっと……。

内村鑑三　ああ。度が過ぎたかなあ。

斎藤　いやいや。いいです、いいです。

内村鑑三　まあ、いいよ。「無教会派」だから、私の教えを聞いたら、教会なんか一個も建たないんだから、しょうがないじゃない。

石川　そうした、教会の建たなかった理由が分かったのですけれども……。

内村鑑三　しょうがないでしょう？　建たないですよ。みんなやめていくんだから、そらあ、建たないですよ。

「何らかの縁《えん》がある魂《たましい》」にも厳しく接する内村鑑三

石川　先生、ちょっと……。

内村鑑三　え？（石川に）あんた、立場が悪くなった？

石川　あ、いえ、いや……。

内村鑑三　（ここに質問者として）出てくるのが悪いのよ。だって、「あんたが出てくる」と聞いたとき、私は、「縁起《えんぎ》が悪いな」と思ったよ（注。質問者の石川は、以前のリーディングで、過去世《かこぜ》の一人が内村鑑三であることが示唆《しさ》されている。『ぎょしゃ座のエイヴ星人とケンタウルス座α星のバナナコング』〔宗教法人幸福の科学刊〕参照）。

石川　（苦笑）いやいや……（会場笑）。少し迷ったのですけれども……。

内村鑑三　もう一回、どこかに入院でもしてもらおうかと思ったんだ、見ただけで。ええ？（注。質問者の石川は、二〇一四年三月二十五日の霊言“Spiritual《スピリチュアル》 Messages《メッセージズ》 to《トゥー》 Happiness《ハピネス》 and《アンド》 Success《サクセス》 from《フロム》 James《ジェームズ》 Allen《アレン》”〔ジェームズ・アレンの霊言　幸福と成功に向けて〕で質問者を務めたが、会話の途中《とちゅう》で意識を失ったことがある）

斎藤　（発言を遠慮《えんりょ》する石川に）どうぞ。

石川　あ、すみません。

斎藤　潜在《せんざい》意識の奥《おく》に話題がどんどん……。

石川　いえ。まあ……、そうですね。

内村鑑三　だから、「〝鞭毛《べんもう》〟は要《い》らん」って言ってんの。〝鞭毛〟は、もう本当に。

石川　すみません。では、別人格として……。

内村鑑三　はい。もうちょっと、〝きちんとした生き物〟になれよ、本当に。

石川　はい。すみません。

斎藤　〝鞭毛〟というのは、細胞《さいぼう》の……。

内村鑑三　尻尾《しっぽ》だけのようなあれを「鞭毛」って言うんだよ（注。二〇一二年十一月二十二日の霊言《れいげん》で、内村鑑三は「たとえて言えば、ミドリムシに繊毛《せんもう》のようなもの〔鞭毛〕が生《は》えていますよね。そういう〝繊毛の一本〟みたいなものが、何となく、幸福の科学のどこかで動いているような気がするのです」と語った。前掲《ぜんけい》『公開霊言 内村鑑三に現代の非戦論を問う』参照）。

石川　ええ。本当に、純粋な信仰が……。

内村鑑三　これ以上言うと、「ジェームズ・アレン2《ツー》」になるから、もう言わないけどさあ。

石川　いえいえ。純粋な信仰を持っていないのは本当だと思いますので……。

内村鑑三　ああ。もっと、「信仰」っていうのは激しいもんだからね。

石川　はい。いちおう……。

内村鑑三　あ、君、そろそろ危ないなあ。（綾織を指しながら）もう、〝こっち〟でもいいよ……。

石川　いえいえ、大丈夫《だいじょうぶ》です。

内村鑑三　大丈夫か？

斎藤　（石川を見て）大丈夫です。根性《こんじょう》が入っています。

内村鑑三　もう休んでいいから。医務室はどこかあるか？　畳《たたみ》を用意しとけ、早く。

石川　いえいえ（苦笑）。すみません。いちおう、霊界《れいかい》……。

内村鑑三　君なあ、「今日、〝復活〟しよう」と思ったやろう？　「今日の内村鑑三の霊言を利用して〝復活〟しよう」と思ったやろう？　そこが不純なんだよ、だいたい。

石川　そうですね、本当に……。

内村鑑三　もうねえ、〝死んだ人間〟は生き返ったらいかんのだ。これは、もう心臓に〝十字架《じゅうじか》〟を打ち込《こ》まなきゃいけないんだ。

石川　いや、だいたい、「こういう展開になるのかな」と、一部は予想していましたので……（会場笑）。

斎藤　潜在意識どおりに？

石川　ええ。やはり、〝まず自分を斬らないといけない〟と思いますので……。

斎藤　（石川に）頑張《がんば》りましょう。

「日本で『イエスの父』と言えない気の弱さは処刑《しょけい》に値《あたい》する」

石川　いちおう、「来世《らいせ》」といいますか……。

内村鑑三　「来世」なんか考えちゃ駄目だよ。今世《こんぜ》、もう「死に方」だけを考えなさい。

石川　そうですか。いや、この世でいろいろ迫害《はくがい》があっても生きていける強さの元として、ある意味で弱者の論理かもしれませんが、やはり、「来世への希望」というのも、一つあると思うのです。「霊界の確信」というのも、すごく大事になると……。

内村鑑三　ああ、それは、死ぬ前に考えたらいいよ。

石川　死ぬ前に（苦笑）。そうですか。

内村鑑三　うーん。死ぬ前に考えなさい。それは「来世の希望」も大事だけども、そんなので何十年も人を〝釣《つ》れない〟よ。「来世の希望」で何十年も〝釣れない〟よ。やっぱりね、それまでは……。そら、死ぬ前はしょうがないけどさ。まだ現役《げんえき》で仕事してる人たちは、そんなんじゃあ甘《あま》いと思うねえ。

だからねえ、君ら、外国で伝道してさあ、「イエスの父（主エル・カンターレ、大川隆法総裁）が生まれた」とか、平気で言ってて、日本へ来たら、誰《だれ》にも言えないんだろう？　この気の弱さねえ、やっぱり（信仰の世界においては）〝処刑《しょけい》〟に値《あたい》するわ、はっきり言って。もう二枚舌。

斎藤　激しいですねえ。

内村鑑三　ええ？　二枚舌だよ。

斎藤　それは、二枚舌ですか。

内村鑑三　フィリピンでは、何、「イエスの父が生まれた」って言って、伝道しまくって、日本へ来たら、黙《だま》っとるんだろう?　あんた、これは駄目だ。これは駄目だわあ。これは全然、駄目だ。話にならないわ。

斎藤　はあ……。

内村鑑三　あんた、イエスの父が復活してるんだったら、麻生《あそう》だろうが、誰だろうが、そんなもん、副総理だか何だか知らんけど、クリスチャンを名乗る以上、信じんのだったら、そらもう(信仰の世界においては)〝処刑〟だよ。

斎藤　そうとう〝激しい〟ですね。

内村鑑三　うん。そう。このぐらい激しくないとねえ、伝道できんのだ。

5　幸福の科学の「信仰《しんこう》」と「伝道」のあり方を問う

内村鑑三が説く「一日一生《いちにちいっしょう》」の意義とは

斎藤　内村先生のご著書で、ものすごく感銘《かんめい》した本に、『一日一生《いちにちいっしょう》』というタイトルのものがあったのですけれども、今の話を聞いていますと、「もう、来世《らいせ》のことを考えず、一日一生で生きるんだ」というような心持ちが伝わってくるのですが、内村先生にとって「一日一生」というのは、どのような生き方なのですか。

内村鑑三　あのねえ、「三十三歳《さい》を超《こ》えて生きてるのは恥《は》ずかしい」と思わなきゃいけない。それが、一日一生の気持ちになるから。

斎藤　え？　「三十三歳を超えた」ということは、イエスの人生を基準にして、「イエスが死んだ年を超えた」という意味ですか？

内村鑑三　「イエスが死んだ年齢《ねんれい》を超えて、まだ生きとる」というのは、もう、生き恥《はじ》をさらしてると思わなきゃいけない。死んでなきゃいけないんだ、とっくに。

斎藤　それは、どういう心境で！

内村鑑三　「三十三を過ぎて、一日でも生きてる」っていうのは、もう一日一日がねえ、本当に余分なもんだからね。だからねえ、もう利子みたいなもんだからさ。もう、「これは、ないもんだ」と思って、使い切らなきゃいけないんだよ。

斎藤　「ないものと思って、使い切る気持ちが必要である」と。

内村鑑三　うーん。だから、「人生、もう三十三歳あれば十分」ということ。それ以上生きたら、失礼に当たる。

斎藤　失礼なのですか。

内村鑑三　ああ。イエスに対して申し訳ない。

斎藤　はあ……。「イエスに対して申し訳ない」という気持ちなのですね。

内村鑑三　うーん。残りの人生は、一日一日がねえ、もう〝お釣《つ》り〟みたいなもんだからさ。だから、あんたねえ、人生を全《まっと》うしようなんて思っちゃいけないよ。

斎藤　はあ……。宗教の「信仰《しんこう》」というのは深いですね。

内村鑑三　ああ、だからね、君らのは浅いんだよ。浅い。ものすごい浅瀬《あさせ》で潮干狩《しおひが》りをしてるような感じの信仰だからさあ。

斎藤　〝潮干狩りの信仰〟。

内村鑑三　ああ。その程度の伝道だよ。潮干狩りをやってんだ、浅瀬でな。

斎藤　はあぁ。

「一日を無駄《むだ》にしたら腹を切って詫《わ》びるぐらいの気持ちを持て」

斎藤　では、深い信仰にズボッと入っていくための「自己変革のポイント」というのは、どのあたりにあるのでしょうか。

内村鑑三　まあ、少なくとも、海に素潜《すもぐ》りする海女《あま》さんぐらいの気持ちでいかないと駄目《だめ》でしょうな。その程度はいかないと。三分ぐらい息を止《と》めて、潜れよ。

斎藤　ああ。それは、「困難に対して忍耐《にんたい》する」という意味ですか。

内村鑑三　いやあ、「忍耐」っていうか、もう海岸沿いの、足にチャプチャプ、水が来てるあたりで、熊手《くまで》で貝を掘《ほ》ってる程度のこと、誰《だれ》でもできることじゃないですか、そんなの。

斎藤　なるほど。

内村鑑三　うーん。そんなんじゃ、「プロ」じゃないですよ。

斎藤　プロの信仰ですか。

内村鑑三　「プロフェッショナル」っていうのは、そんなもんじゃないでしょう?

斎藤　「プロの信仰心」ということですね。

内村鑑三　うーん。当たり前ですよ。プロフェッショナルでしょう?

斎藤　はい。

内村鑑三　プロフェッショナルは、そんなのでは駄目。そんな、観光客がやるようなことをやってたんでは、プロフェッショナルじゃないわねえ。

斎藤　ああ、それで、ご生前、弟子《でし》に対して厳しかったのですか。

内村鑑三　ああ。当たり前だよ。「プロ」っていうのは、そういうもんでしょう。

斎藤　はあ……。

内村鑑三　恥ずかしいと思わなくちゃ。

斎藤　なるほど。

内村鑑三　今日一日をねえ、無駄にしたら、もう本当に首を吊《つ》りたいぐらいの〝恥ずかしさ〟でなきゃいけないんだよ。

綾織　うーん。

内村鑑三　それがプロだよ。

斎藤　一日が終わって、寝《ね》るときにですか。

内村鑑三　うーん。「今日一日、何をやったか」と。「ああ、ぼけた質問を何発かした」。

斎藤　（苦笑）

内村鑑三　（舌打ち）「これで、書物の値打ちを下げた。実に恥ずかしいことだ。もう本当に腹を切ってお詫《わ》びしたいぐらいだ」。このぐらいまで思うぐらいでないと、プロではないわな。

斎藤　腹を切って詫びるぐらいの気持ちでないと……。

内村鑑三　そう、そう、そう、そう。「自分のぼけた質問で売れ行きを落としてる。まことに申し訳ない。これで、編集の責任者をやってる。まことに申し訳ない」。やっぱり、その程度、「自分を責める気持ち」がないといかんねえ。

斎藤　はあ……。

綾織　うーん。

斎藤　ご生前、毎日、そういう感じだったのですか。

内村鑑三　（厳しく）当たり前でしょう！

斎藤　すみません。

内村鑑三　だから、そういう覚悟《かくご》のないやつは、（学費の代わりに）大根を持ってきたって、追い出さなきゃ駄目なんだよ。

斎藤　内村先生に大根を差し上げようと思ってるのに？

内村鑑三　いやあ、大根を持ってきて、そら食べたいけども……。

斎藤　食べたい？

内村鑑三　食糧難《しょくりょうなん》の時代は、食べたいけども（苦笑）、それでもやっぱり、「その不純なやつから、大根を受け取って食うぐらいなら、もう馬糞《まぐそ》でも食ってるほうがいいわ」っていうぐらいの気持ちだな。これが信仰だよ。

「四番打者として、宗教の挽回《ばんかい》を託《たく》されている」

綾織　その信仰者の姿勢でいくとなると、今、幸福の科学大学で起きているような、世間《せけん》との衝突《しょうとつ》のようなものが、もっと大きなかたちで……。

内村鑑三　いや、そうであれば、話は……、もっと早く潰《つぶ》れてるから。

綾織　ああ、そうですか（苦笑）。

内村鑑三　だから、簡単に済んでるんで。〝この世に合わせよう〟としてするから長引いただけで、もっとはっきり言っておれば、もっと早く終わってるんであってね。

綾織　なるほど。

内村鑑三　あなたねえ、「霊言《れいげん》を使って授業をしようとしてるから、けしからん」みたいのを、最終結論の答申で言われるなんて、こんな恥ずかしい事態っていうのは、弟子としての不徳だよ！

最初からね、ダーンと、「霊言を教えますからね」って言っていかなきゃいけないんだよ。（相手が）「いや、それは困ります」って言ったら、それで終わりだもん。

（机を叩《たた》く）これで終わりだよ。
　そこで、「それでも（霊言を教えても）いいです」と言わせて、押《お》し込《こ》んでいかなきゃいけないし、そう言ったら、それを念書に書かせなきゃ駄目だよ。

斎藤　はあ！

内村鑑三　「これを理由にして、以後、認めないっていうようなことをやったら、それは宗教弾圧《だんあつ》とみなす」というぐらい、最初から、念書を書かす（机を叩く）。駄目なら駄目で、最初から突《つ》っぱねたらいい。その代わり、「もう〝生きて〟（回《かい》心《しん》しないで）帰れると思うなよ」と言わないかんわな。

斎藤　（苦笑）激しい……。今までの（霊人《れいじん》の）なかでも、かなり激しいタイプの方です……。

内村鑑三　ええ、今日は、ちょっと、〝きてる〟からねえ。今日は、〝きてる〟んだよ！

斎藤　今日は、〝きている〟とは……。

内村鑑三　ええ。今日は、〝きてる〟んだよ。ちょっと、挽回《ばんかい》しなきゃいけないからさあ。今、「宗教の挽回」を託《たく》されてるから……。

斎藤　「宗教の挽回」ですか。なるほど。

内村鑑三　〝四番ピッチャー〟として出てきてるんで……。

斎藤　先ほどからものすごい〝剛速球《ごうそっきゅう》〟です。

内村鑑三　いや、〝四番ピッチャー〟ではないわ。「四番打者」だ。

　だんだんと信仰《しんこう》が強くなっていったルター

綾織　「大学は大学、宗教は宗教」ということではなくて、「もう、宗教として、きちんと論理を立てて主張していかないといけない」ということでしょうか。

内村鑑三　うーん、だから、まあ、いいんじゃない？
ルターだって、本当は、神経質で、気の弱い人だけどね。
それでも、結局は、バチカンと袂《たもと》を分《わ》かたなきゃいけないようになったんだろう。
まあ、そこまで考えてやった〝あれ〟ではなかろうと思うけど、結果的には、そうなったし、後《のち》の歴史から見りゃあさあ、それは、すべてが必然だっただろう。最終的に見りゃあね。

だけど、その途中《とちゅう》は、それほどまで〝あれ〟ではなくて、許しを乞《こ》おうとしたりさあ、まあ、いろいろしたけどもね。

それから、修道士《しゅうどうし》になるのだってさあ、親を説得できなくてねえ。

たまたま、「雷《かみなり》が落ちて、友達は死んだけど、自分は死ななかった」ということがあったんだが、「そのときに、『どうか、私をお救いください。そうすれば、修道士になります』と祈《いの》ったために助かったから、ならざるをえないんだ」みたいな言い訳を両親にして、出家《しゅっけ》したというか、修道士になった。こんなやつは、本当に、八《や》つ裂《ざ》きにしてやりたいぐらい信仰心《しんこうしん》の弱い人間だけどね。

ただ、そういう人間でも、やっているうちに、だんだん、〝首領〟となって、〝親分〟となって、やらざるをえなくなってくるのが信仰なんだよな。信仰っていうのは、そういうふうに、だんだん強くなっていかなきゃいけないものなんだよ。

だけど、彼には最初、そこまでの気持ちはなかっただろう。「九十五箇条《かじょう》の論題」

を貼《は》ったところは、単なる意見を貼ったぐらいの気持ちでいて、そんな大騒動《おおそうどう》になるとは思わんかっただろうね。

だから、君たちのやってることも、いつ、何が大騒動になるか、それは分からないよ。いつ〝火〟がつくかは分からない。やっぱり、そのときに腹が据《す》わってなきゃ駄目だわな。

ここ（幸福の科学）には、豪傑《ごうけつ》がたくさん眠《ねむ》ってるというのに、その人たちが力を発揮できないっていうのは、上に〝軟体動物《なんたいどうぶつ》〟がたくさん座《すわ》ってる可能性が高いからだな。気をつけないといけないよ。だから、〝軟体動物〟は、早く食べられたほうがいいよ。うん。

6 「霊言《れいげん》」の否定は、キリスト教の「聖霊《せいれい》」の否定と同じ

内村鑑三が考える「人間として許せないこと」とは

綾織　今のタイミングというのは、奇《く》しくも、新聞などに、「霊言《れいげん》」という言葉が、たくさん書かれるようになっているときでして、見出しにもとられています。

内村先生は、著書のなかで、「奇跡《きせき》の否定は、宗教の否定である」というようにおっしゃっていましたが、やはり、今回の大学の審査《しんさ》のなかで、「明確に霊言を否定している」というところをとらえるならば、明らかに、幸福の科学の否定に入ってきたと受け止めなければいけないと思います。

内村鑑三　いや、キリスト教で言やあ、それは、もう聖霊《せいれい》を否定する……。

綾織　はい。

内村鑑三　「聖霊なるものは、科学的に認められていないんだから、そんなものがあると言う学校は、おかしい」とかいうのと同じ。これは、聞いただけで、（誤った価値観を兜割《かぶとわ》りするように）頭を〝斧《おの》〟で割ってしまうわねえ。うーん……、許せないわねえ。

綾織　頭を〝斧〟で割らないといけない……。

内村鑑三　うん。当たり前でしょう。「聖霊は科学的に証明されていない」なんて、そんな者は、人間として許さないわね。

綾織　ああ、人間として許せない。

内村鑑三　絶対に許さない。人間として許さないね。それは、絶対、もう……。まあ、いいや。そういう人には、お墓はないよ。自然葬《そう》で、海にでも灰を撒《ま》いてもらえば、それで済むのかもしらんけど、やっぱり、「永遠の地獄《じごく》に堕《お》ちる」っていうことを、はっきり言ってやらなきゃいけないのよ。

綾織　（苦笑）

内村鑑三　二度と出てこられんからね。なんぼ後悔《こうかい》したって、もはや、二度と上がってこられない。「仏教では上がってこられるけど、キリスト教では上がれないんだ。いったん堕ちたら、もう上がれんからね」ということを、はっきりと……。

綾織　文科省の側は、「脅《おど》しをかけられた」というようなことを言っているのですけれども……。

内村鑑三　だから、「脅し」と思うところに間違《まちが》いがあるわけよ。

綾織　ああ、はい。

内村鑑三　それは「警告」なんだからさあ。

綾織　はい。

内村鑑三　向こうから警告文書を送られるっていうこと自体が恥《はじ》であって、こっちが警告しなきゃいけないわけであってね。ええ？

綾織　はい。やはり、そういう、きちんとした宗教的な警告をしないといけないと。

内村鑑三　「永遠の地獄に堕ちるであろう」って言って、「そんな人には、学問をやる資格がない」って言うんだったら、そんなやつと付き合う必要なんかないわけであって……（注。キリスト教では、キリストや聖霊を否定するような邪悪《じゃあく》な罪人は、苦しみが永遠に続く地獄に堕ちると言われている）。

綾織　ええ。

内村鑑三　まあ、自分たちで教育すればいいんじゃないの？

綾織　はい。

自分たちの「慙愧《ざんき》の思い」から残酷《ざんこく》になったキリスト教徒

斎藤　やはり、信仰《しんこう》には、「正義」というものが伴《ともな》っていて、「最後の審判」ではないですけれども、「正と邪《じゃ》」、「善と悪」が、はっきりと分かれている感じがします。そのように、信仰というものは、〝ピシッ〟としていくことが重要であるのでしょうか。

内村鑑三　うん。だから、みんなが、ネクタイをとって、スーツを脱《ぬ》いで、腹に巻いたさらしを開けて、腹を十文字にかっさばいて死んだらいいんだよ。

斎藤　なんだか、〝武士道チック〟な感じになりました。

内村鑑三　ええ。そのくらいまでやったら、日本国中に、「信仰っていうのは、そんなに大事なものなのか」っていうことが知れわたるんだよなあ、ほんとはなあ。

斎藤　うーん。

内村鑑三　まあ、〝体《てい》たらくの人たち〟ばっかりだから、もう、どうしようもないよな。

斎藤　内村先生は、ご生前、ご著書のなかで、「純粋《じゅんすい》な信仰」、すなわち「純信仰」ということを言っておられたようですけれども、やはり、この「純信仰」とは、結局、「勝利する」ということを意味するのでしょうか。だとすれば、何に勝利するのですか。「生きざま」で勝利するのでしょうか。

内村鑑三　いやあ、うーん。

斎藤　結果的に、何かを変えていくことをもって……。

内村鑑三　いやあ、キリスト教者《じゃ》は、基本的に、二千年間、イエス様にお詫《わ》びし続けてるわけなんだからね。要するに、「ああいう、救世主が降りられたにもかかわらず、お護《まも》りできなかった」ってことに対する、二千年間の「懺悔《ざんげ》の歴史」なのよ。だから、その懺悔の気持ちによって残酷《ざんこく》になり、異教徒を殺しまくったんだからさ。ハッハハハハハハハ。

自分らが、キリストを信じなかったために、信仰が弱かったためにそうなったんだけども、それが、あとになって、悔《くや》しくて悔しくてしかたないから、「キリスト教を信じていない異民族を徹底《てってい》的に痛めつける」っていうことが起きてしまったわけで、そのなかには、「慚愧《ざんき》の思い」があるわけよ、内心ね。

まあ、君らに言うても、駄目《だめ》だろ。〝サラリーマンの変化形〟だから、もう、どうしたって駄目だけどね。

毎日、大根《だいこん》を食ってでも信仰しろよ。そうしたら、ちょっと考えが変わってくるわ。

斎藤　己《おのれ》に厳しさを持てと……。

内村鑑三　ああ、確かに、君（斎藤）には、「こんにゃく」みたいなところがあるから……。

斎藤　（苦笑）

内村鑑三　多少の強さはあるよ。これだけ言っても倒《たお》れないだろ？

斎藤　いやあ……。

内村鑑三　まあ、大したもんだ。さすがに、二十八年、生き延びただけのことはある。

斎藤　そうですか（苦笑）。

内村鑑三　うん。大したもんだ。

斎藤　けっこう、今、内村先生のほうから、〝弾《たま》〟が来て、体がボロボロになっておりますけれども……。

内村鑑三　ええ。もうそろそろ、門番《もんばん》か何かになったほうがいいかもしらんねえ。

斎藤　ああ、そうですか。ありがとうございます。

「不幸が自分を鍛《きた》えてくれる」の真意とは

斎藤　内村先生の、この厳しさに対する「妥協《だきょう》のなさ」は、どこから出てくるのですか。

内村鑑三　分からん。

斎藤　（苦笑）そこまで言っておいて……。

内村鑑三　そらあ、性格だから、しょうがないわ。

斎藤　性格……。いやあ、そんなことはないと思います。何か、「究《きわ》めていく気持ち」がおありかなと思うのですけれども。

内村鑑三　やっぱり、「不幸が自分を鍛《きた》えてくれる」というところがあるわな。

斎藤　「不幸が鍛える」とは、どういうことですか。

内村鑑三　いろいろな不幸が自分を見舞《みま》う。

斎藤　はい。

内村鑑三　君は、自宅に石を投げられたことがあるか？　窓ガラスを割られたり

……。ええ？

斎藤　ないです。

内村鑑三　ちょっとは、されたらいいんだよ。

斎藤　誰《だれ》にですか（苦笑）。

内村鑑三　そうしたら、根性《こんじょう》が入ってくるからさあ。

斎藤　現実に、ガラスがバーンと割れたときの気持ちが想像できませんが……。

内村鑑三　例えば、あんたが出てる間に、家で奥《おく》さんが留守《るす》を守ってたら、石を投げられて、マンションのガラスが割られ、攻撃《こうげき》されているとする。

そのときに、「いや、私は今、総合本部で、総裁の霊言の相手をしなきゃいけない。この貴重《きちょう》な仕事があるから、悪いけど、石に当たって死んでくれるか」と。まあ、そのくらい言えるぐらいでなきゃいかんねえ。

斎藤　……。

内村鑑三　そうでなきゃ、「石をバットで打ち返せ」と言う……。

斎藤　（苦笑）

内村鑑三　そのくらい言わなきゃ駄目だよ。

斎藤　かなりの……。

内村鑑三　「助けに行くような暇《ひま》があるか!」っていう感じだよなあ。

斎藤　はあ。

内村鑑三　うーん。

ライオンに食われた名もなき信仰者《しんこうじゃ》たちへの思いを語る内村鑑三

斎藤　確かに、ご生前は、現実に、「内村先生宛《あ》てに封筒《ふうとう》でカミソリが送られてきた」などという、歴史的な記録もあったりしまして大変だったようですが……。

内村鑑三　そんなところには、包丁《ほうちょう》を送り返したらいいんだよ。

斎藤　ああ、そうですか(苦笑)。

内村鑑三　うん。「なめるんじゃねえ！」っていう……。

斎藤　（笑）信仰《しんこう》とは、強いんですね。

内村鑑三　当たり前だよ。当ったり前じゃない。

斎藤　そこまで踏《ふ》み込《こ》んで、強くして……。

内村鑑三　やっぱりねえ、弱く見せたら、いくらでもなめてくるよ。そんなねえ、強く・な・き・ゃ・駄・目だよ。

斎藤　はあ。

内村鑑三　いやあ、私は、先人たち……、つまり、あのローマのコロッセウムで、ライオンに食われた人たちには頭が上がらないなあと、いまだに思ってるよ。無名だけどね。誰が食われたのかも分かんないけどさ。

斎藤　うーん。

内村鑑三　名前も遺《のこ》らず、ライオンに食われた人たちには、頭が上がらないよ。聖人《せいじん》として名前が遺ってる人たちは、のうのうと生き延びた人たちがほとんどだろうと思うけどさ。あるいは、ある程度、名前を遺してから死んだ人が多いと思うけども、無名のうちに、ライオンに食われて死んでいって、信仰を捨てなかった人たち。これにはねえ、頭が上がらないですよ。こういう人たちには、頭が上がらない。

やっぱり、恥《は》ずかしいと思うなあ。夜《よ》な夜な考えても、いつも恥ずかしいわ。本当にねえ。

「伝道者として本物であるかどうか」を問う

斎藤　今、幸福の科学の信者のみなさまは、こういう状況《じょうきょう》のなかでも、本当に、「頑張《がんば》って、伝道と植福《しょくふく》をやろう」という姿勢を持たれていらっしゃいます。

内村鑑三　〝嘘《うそ》の伝道〟があるから、弱いのよ。

斎藤　はあ。

内村鑑三　もともと、嘘の伝道だろ？　だから、弱いんだよ。外のせいにしたって駄目なんだよ。「役所が駄目だ」とか、「政治家は駄目だ」とか、「ほかの人が駄目だ」とか言ってるけど、駄目なのは自分たちなんだよ。自分らの伝道がインチキだから、駄目なんだよ。

「名前だけ書いてもらえばいいんです」みたいな、あるいは、「月刊誌だけ配《くば》らせてもらったらいいんです」みたいなので、伝道したことにしてるからさ。その程度の腰《こし》の入《はい》り方だから駄目なんで、本当は、本人自身に問題があるんだよ。

伝道者として本物であれば、相手を押《お》し返すだけの力は、ちゃんとあるんだけど、自分らが、数だけつくって、会社みたいにやってるから駄目なんだよ。

斎藤　それは、「信じる力を与《あた》える」、「目覚めさせる」ということですか。

内村鑑三　うーん。まあ、だから、〝不良な弟子《でし》〟を、もうちょっと〝間引《まび》いた〟ほうがいいんじゃないかなあ。ほんとに。

いやあ、ハードルをちょっと上げればいいだけなのよ、ハードルを。

斎藤　ハードルを上げる？

内村鑑三　うん。ハードルを上げればいいのよ、そんなもん。

斎藤　ぜひ、その、「ハードルを上げる」ということの具体的なイメージを……。

内村鑑三　だから、毎日、大根を食べて生きてりゃいいのよ。

斎藤　（苦笑）「生活環境《かんきょう》を厳しくする」ということですか。

内村鑑三　というか、あんた、こんな、新しい新興宗教をつくってね、毎日、平穏《へいおん》無事《ぶじ》に過ごせると思っとるほうが、おかしいんだよ。

斎藤　ああ……。

内村鑑三　出家《しゅっけ》してくるっていうなら、〝命懸《いのちが》け〟で来なきゃ駄目だよ、そんなの。全然、問題にならない。そう思わないか？

斎藤　思います。

内村鑑三　堕落《だらく》してるんだよ。「存在《そんざい》の愛」じゃなくて、「存在の堕落」なんだよ。

斎藤　はあ……。

内村鑑三　これじゃあ、駄目だよ。こんなもん、広がるはずないよ。駄目だね。

斎藤　「自分の不明を恥じる思い」を、日々、本気で持つということでしょうか。

内村鑑三　いやあ、あんたらの伝道なんて、ほとんど偽物《にせもの》だよ。全然、本物じゃないよ。

石をぶつけられながら説法《せっぽう》した日蓮《にちれん》は「プロの宗教家」

斎藤　例えば、内村先生は、『代表的日本人』というご著書を書かれたときに、尊敬している人物の一人として、日蓮聖人《にちれんしょうにん》の名前を挙《あ》げておられました。

内村鑑三　ああ、いいねえ。いいねえ。ああいうのが、いい。（日蓮聖人は）石をぶつけられながら、辻説法《つじせっぽう》した。

斎藤　はい。

内村鑑三　やっぱり、あのくらいまでいかないと、宗教家とは言えないね。

斎藤　はあ……。

内村鑑三　やっぱり、あの程度でなきゃ。あれで、やっと気合いが入ってくるんだ。

斎藤　あれで気合いが入りますか。

内村鑑三　ああ。石をぶつけられて、額《ひたい》から血が流れるぐらい。このあたりまでいって、これで、プロだよ！　プロフェッショナルなんだよ。

斎藤　〝けっこうなレベル〟ですけれども……。

内村鑑三　カボチャなんか被《かぶ》ってねえ、街をウロウロ歩いてるような、あんなのは駄目だよな。ああいうのでは、全然、駄目だからさあ。ハロウィンで、カボチャを被って歩いて、クリスマスになったら、十字架《じゅうじか》を持って歩いてるようなやつは、全然、駄目だからね。

斎藤　はあ……。

7　大学設置に至らなかった「幸福の科学」を叱《しか》る

大学の件で、弟子《でし》として「非常識な体質」が露呈《ろてい》した

内村鑑三　やっぱりねえ、「本物」になってるのを見せなきゃ駄目《だめ》なんじゃないかなあ。

斎藤　本物の信仰《しんこう》ですか。

内村鑑三　だから、甘《あま》いね。もう甘い甘い〝砂糖菓子《がし》〟みたいな。このままでは〝虫歯〟になってまう。ほんっとに。甘いねえ……。

斎藤　「知る」ということと、「意志」ということがあるのですが、今の感じだと、「いろいろ知って、情報などを整理して」というプロセスではなくて、〝真正面〟からぶつかっていくみたいな印象も受けるのですけれども。

内村鑑三　だからね、君らは「非常識」なのだよ。

斎藤　えっ、非常識!?

内村鑑三　うん。非常識なんだよ。

大学があれかもしらんけどさ、審議会《しんぎかい》の人が言ってるあれじゃないけども、「弟子《でし》がもっとちゃんとやれ」って言ってるのは常識的な立場なんだよ。本当はそうなんだよ。やらなきゃいけないんだよ。弟子が〝神輿《みこし》〟を担《かつ》がなきゃいけないんだよ！

だけど、神様が神輿を担いでる。それで弟子が神輿の上に乗ってるんだよ。これが幸福の科学の現状なんだよ。それを外から指摘《してき》されてるんだけど、分かってないんだからさあ。情けないかぎりだわ。
神輿のなかにいる神様が下りてきて神輿を担いで、弟子が神輿の上に乗ってる。これが現状じゃないか!

綾織　はい。

内村鑑三　な? 情けないかぎりで、自分の不器用さを理由にして、それでいいことにしてるんだよ。不器用だということで。
だから、「何もしてくれるな」ということで、何もしないでもいられるようになってる。「何かしてくれると必ずマイナスが出るから、何もしてくれるな」と。「給料だけ出すから、じっとしといてくれ」と。これが教団組織の現状じゃないですか。

綾織　それは大学の今の仕事で言うならば、大川総裁がされたような「学問として、ちゃんと学べるようにする」という仕事も、弟子がしっかりと固めてないと話にならなかったということになるわけですか。

内村鑑三　だから、底がすごく浅いんじゃないの？　浅く相手を〝騙《だま》せる〟と思ってやってるんでしょ？

綾織　ああ……、うーん。

内村鑑三　それは、そうだと思いますよ。

綾織　はい。

信仰《しんこう》が本物でないのは「卑怯《ひきょう》な心」があるから

内村鑑三　もう、とにかく君らは官僚《かんりょう》組織よりも、もっと〝腐敗《ふはい》〟したレベルの信《しん》仰《こう》しか持ってないから。

ほんと、蛆虫《うじむし》がいっぱいいじゃないか。床《ゆか》の下は蛆虫だらけじゃないか？　きったねえゾウリムシや蛆虫、ミミズ、もうそんなのがウジャウジャいないか？　蓋《ふた》して蓋して、生き延びてるんじゃないの？

本当はもうちょっとねえ、汗《あせ》流して伝道しなきゃ駄目よ。そうしたら気合いが入ってくるから。本気になるからさあ。

政党（幸福実現党）なんかも、ほんっとにもう、ほどほどにしろよ！　教団を小さく見せるために努力してるなんていう、こんなのなしだよ！　やっぱり、恥《は》ずかしいと思わないといかんわねえ。

いや、これでねえ、世間《せけん》と接して、「自分らがどれほど〝甘ちゃん〟か」っていうことを知らなきゃいけないわけよ。

綾織　はい。

内村鑑三　教えてくれてんのよ。本当はねえ。

だから、「世間のほうが強い」なんていうのは恥ずかしい話なんですよ。石つぶてのなかで伝道した先人たち、ライオンに食われながら信仰を捨てなかった先人たちを見て、どの程度強くなきゃいけないかを知らなければいけないんですよ。

綾織　逆に、世間に〝合わせて〟しまっている状態に……。

内村鑑三　合わせてるんじゃなくて、ただ、心が卑怯《ひきょう》なんだよ。単に卑怯なんだと思うよ。

綾織　はい。

内村鑑三　だから、本当はどこでもいいんだよ。飯《めし》が食えたらどこでもいいんだけど、たまたま趣味《しゅみ》と実益《じつえき》が一致《いっち》すりゃいいと思ってるのがほとんどだからさ。そのへんをやっぱり反省しなきゃ駄目だろうね。

まったく駄目ですね。はっきり言って。私から見て全然駄目ね。これだったら、もう家一軒《いっけん》で伝道できるところまで縮めたほうがいいかもしれないくらいですね。みんなに〝突撃《とつげき》〟を命じて、食料は一日分。「はい、突撃。返ってくるなよ」って。アハハハッ（笑）。そんな感じかねえ。

来世《らいせ》に後悔《こうかい》したくなければ、自分たちの「信仰《しんこう》の不足」を反省せよ

斎藤　今の「信仰《しんこう》」ということに関しまして、大川隆法総裁から二〇〇七年ぐらいに「君よ、涙《なみだ》の谷を渡《わた》れ。」という教えをいただきました（『君よ、涙の谷を渡れ。』〔宗教法人幸福の科学刊〕第4章参照）。そのときには、「『理想と現実がぶつかったら、理想が勝たねばならない』と思う人が信仰者なのです」ということを教えてくださいました。

「理想と現実がぶつかったときに、必ず現実を変えていけ」と。そのとき……。

内村鑑三　ああ、君たちは駄目なの。現実の解釈を変えていくから。

斎藤　解釈を変えていく？

内村鑑三　現実の解釈を変えて、自分らがよくやってるように自分たちで誉《ほ》めて、そして〝傷《きず》を舐《な》め合う〟から駄目なのよ。現実の解釈を変えていくから。理想に到達《とうたつ》しなかった場合、「現実の解釈を変えて、つじつまを合わせていく」でしょ？　これって、ほかの会社とか、役所でみんなやってることだから。

斎藤　われわれは、現実そのものを理想的なものに変えていくところまでやっていないということですか。

内村鑑三　ぜーんぜん届いていませんよ。それは全然届いてないわ。

斎藤　これは先ほど、「卑怯な心」ということでご指摘いただきましたけれども、「やる気」があっても、「卑怯な心」との内的葛藤《かっとう》みたいなものが起きているということですか。それを隠《かく》してしまって全然行ってないということですか。それとも、

「やる気」はあるのだけれども、「駄目なところがある」とか、そういう部分的なものではなくて〝根元〟が腐《くさ》っているということですか。

内村鑑三　いや、君が〝自己解剖《じこかいぼう》〟したら、それで全部分かるんじゃないの？　多くの人たちを見てきたでしょ？　教団のなかで、たくさんの方を見てきたんじゃないの？

だから、今、（大川隆法の）慈悲《じひ》で生きている人がほとんどですからねえ。

斎藤　私たちを叱《しか》るとしたら、どこが問題なのでしょう。これは自己保身なのでしょうか。「現実を解釈してしまう」と言っていましたけれども……。

内村鑑三　さっき来世《らいせ》の話もあったけど、来世は後悔《こうかい》することになるから。間違《まちが》いなくね。だから、今、私が代わりに言ってやってるんで。必ず来世は後悔するよ。

「実際は、信仰の不足が現実の届かざるを招いた」ということが、いずれはっきり分かるから。だけど、「信仰が不足してるために、現実が届かない」ってことが理解できてないから、今、政党をやったり、大学をやったり、いろいろなことをしてそれを気づかされてるのよ。現実はね。届いてないことが気づかされてるんだけど、それをまた「解釈」で逃《に》げようとしているからね。たぶんね。

斎藤　「今のこの現実は、われわれの足りないところを教えてくれている」というか、それを示しているのだけども、まだ受け入れられない？

内村鑑三　うん。要するに、「プロの仕事のレベルまで達してない」っていうことよ。

斎藤　はあ……。

内村鑑三　君らは、「小学生が給料をもらっている」ようなもんだからさ。基本的にはね。

「信仰《しんこう》」の強さは「霊的覚醒《れいてきかくせい》」の度合いに比例する

斎藤　過去のキリスト者《じゃ》がいらっしゃいまして、先ほど、「ローマのコロッセウムでライオンに食べられた無名の純粋《じゅんすい》な信仰者《しんこうしゃ》がいた」という話をいただきました。

内村鑑三　うん。

斎藤　彼らは、どのあたりで〝涙の谷を越《こ》えて〟現実を変えようとすることができたのでしょうか。

内村鑑三　いや、君らとは話にならないんじゃない？　あの世に還《かえ》っても、来世で（彼らに）会うことはできないよ。

斎藤　会うことができない？

内村鑑三　うん。全然、会うことはできないよ。あの世では、彼らは山の上で吠《ほ》えてる〝ライオン〟だよ。君らは谷の底で這《は》ってる〝洞窟《どうくつ》人間〟だから。そのくらいの「差」があるから。全然話なんかできないよ。

斎藤　はあ……。それは、彼らが純粋で高貴な姿を持っておられ、一方、私たちは自分の心を恥じて……。

内村鑑三　だから、本当は「信仰がそれだけ強いか」っていうのはどういうことかっていうと、「どれだけ霊的《れいてき》に覚醒《かくせい》しているか」っていうことなんだから。「この世に妥協《だきょう》できる」っていうのは、「この世に近い」っていうことなんだよ、〝波動〟がね。それだけのことなんで。

まあ、いくら言ってもしょうがないけどさあ、この「甘い体質」ではあんまり行かない。

でも、キリスト教だって日本で広がらねえからしょうがないけどね。今度は厳しすぎるから入らないのかもしれないが。ハハハハハハ……（笑）。逆かもしらんがなあ。「いや、こりゃたまらん」と思って、みんな逃げ出すからさあ。入れても入れても、やめていくから増えないのかもしれないけどね。

日本って甘いからさあ。すごい甘いので。近所付き合いを大事にして、仲間内ができればいいからさあ。宗教に入ってもみんな共同体みたいになって、助け合いの「組合《くみあい》」みたいな感じやな。これが日本の宗教なんだろうから。きっと、私たちの考えとは違うんだろうけどね。

まあ、いいよ。教会一個も建たなかった人間の発言だから、聞いちゃいけないよ。聞いちゃいけないから。

斎藤　とんでもありません。

「信仰《しんこう》は命懸《いのちが》けであることを知れ」

綾織　先ほどの「霊的覚醒」なのですが、内村先生が当時、生きていらっしゃるときにつかんでいた霊的覚醒というのは、どういうものだったのでしょうか。

内村鑑三　まあ、この世的な不幸とおぼしきものには、ほとんど対面したとは思いますけどね。そんなので、ぐらつくような信仰《しんこう》ではなかったということだわね。

綾織　地上的には「苦しみの部分」と、一方では、心の奥《おく》の部分でつかまれている「喜びの部分」があったと思うのですけれども。

内村鑑三　信仰は命《いのち》懸《が》けですよ。やっぱり、それを知らないと駄目だねえ。

まあ、一時期そういう気になることはあるんだけどね。研修とかすると、そのときだけそんな気になることはあるんだけど、帰ればすぐ消えていくもんでね。

それと、在家《ざいけ》の人にだけ厳しく言って、自分らには甘い体質がそうとう蔓延《まんえん》しているみたいだからね。このへんを反省しなきゃいけないんじゃないかねえ。

私は、教祖がかわいそうっていうか……、いやあ、教祖がかわいそうなのは、あんたがたよりも、大学審議会の人のほうがよく分かってたんじゃないかなあ。よっぽど分かってたんじゃないかなあ。たぶん、そうだと思うよ。「こんな宗教はない」と思ったと思うよ。「これはひどい」という感じ。

だから、こういう働き方をしたら、私みたいになって自宅で教えるだけの宗教にしかならないはずなのに、「どうしてここまでやれているんだろうか」っていう感じが、やっぱりあったんじゃないかなあ。その意味では、驚異《きょうい》だけども。

まあ、「試練《しれん》」というほどのもんではないですけど、世間が弟子に「普通《ふつう》の人間ができるくらいの仕事は最低できないと、宗教の伝道活動をやっても駄目だ」ということを教えてくれてるっていうことだな。残念だけども。

（リバティ編集長でもある質問者の綾織に）あんたのところの雑誌（月刊「ザ・リバティ」）だって毎月毎月、部数が減っていくばっかりだろう？　朝日（新聞）だけじゃないだろう？　あんたのところも減ってんじゃないの？　なんで広がらないんだよ。信者数は増えてんのに。

綾織　すみません……。

内村鑑三　え？　信者数は増えてんのに、あなたの雑誌を読む人はどんどん減っていくんだろ？　なんでだよ？

だから、これはもう話にならないんだよ。こういうインチキな活動をやってますとね。

やっぱり、もっと腰《こし》を入れなきゃ駄目なんですよ。

「大きくなる」とは「キリストの力を偉大《いだい》にする」ということ

斎藤　今、お話を伺《うかが》っていて、腰が入っているというか、言葉の迫力《はくりょく》があるというか、知性というよりも、魂《たましい》に直接突《つ》っ込《こ》んでくるような強さを感じます。

内村鑑三　うーん、今朝はねえ、大川総裁は、ドラキュラ伝説の本の校正をやってたよ（『ドラキュラ伝説の謎《なぞ》に迫《せま》る』〔幸福の科学出版刊〕参照）。表紙もあったけどね、ドラキュラを〝一匹《いっぴき》〟呼んできたいよ。

斎藤　え？

内村鑑三　だから、呼んで、ここに飼っとればいいんだよねえ。教祖はドラキュラを飼っててさあ、「行け！」って言って、アハハハハ……。かからせてやるから、ガブッと血を吸って、ミイラになっていくという。いいと思うねえ。いやあ、一匹あげたいねえ。ドラキュラが一匹いたら……。

斎藤　「弱さ」を気づかせるっていうことですか？

内村鑑三　そうそう。要《い》らないやつを〝間引《まび》いて〟いく。

斎藤　間引くと？（苦笑）

内村鑑三　やっぱり、ドラキュラが一匹いたらね、教祖の重要な協力者になると思うね。

斎藤　そこまで、弟子の「弱さ」が見えるっていうことですか？

内村鑑三　うーん。だから、「(組織が) 大きくなる」っていうことは、どういうことか」っていうことを知らなきゃいけない。

斎藤　「大きくなる」っていうのは、どういうことですか？

内村鑑三　「大きくなる」っていうことは、「力を持たなきゃいけない」っていうことですよ。

斎藤　大きくなるっていうことは、力を持てということですね?

内村鑑三　うん、そうですよ。

斎藤　「力を持つ」ということは、どういうことですか?

内村鑑三　「キリストの力」を偉大《いだい》にしなきゃいけないんですよ。

斎藤　なるほど。

内村鑑三　あるいは、キリストを超《こ》えている主がいらっしゃるんなら、その「主の栄光」を、もっともっと輝《かがや》き出さなきゃいけないっていうことですよ。

だから、主の力を弱めて、キリストの力を弱めていくっていうことは、それは、もう全然駄目ですよ。

斎藤　「大きくなる」ということは、「主の偉大さ」の力を、どんどん弘《ひろ》めていくっていうことと一致しているということですよね。

内村鑑三　そう、そう。〝大きく〟なっているのに、どんどんどん〝小さく〟なっている。別のところでね。これ、おかしいんですよ。

斎藤　なるほど。それを評して、「インチキ」と。

内村鑑三　おかしい。インチキだと思う。だからね、「食べていけりゃあいいと思ってる」っていうことだよ。基本的にな。

斎藤　なるほど。そういう手触《てざわ》り感で、組織の反省点になって〝戻《もど》って〟きているってことですかねえ。

内村鑑三　うーん。「食べていけりゃあいい」と思ってるんだと思う。

斎藤　なるほど。

内村鑑三　私は、「経済原理」について、あんまり言う気はないけどね。『後世への最大遺物』で、金儲《かねもう》けは難しいからって、サッと逃げてるけどね。まあ、事業を遺《のこ》したけど、金が要る。金がなかなかつくれんなと思って、まあ、逃げてはいるけども。

まあ、少なくとも、なんか、やくざじゃないけど、背筋《せすじ》がピーンと伸《の》びてるぐらいの生き方をしてくれよ。任侠道《にんきょうどう》じゃないけどさあ、ちょっと、ピシッとしてないと、いけないいんじゃないかねえ。なんか、そんな感じかなあ。

8 「本物の信仰者《しんこうじゃ》」の姿勢とは

神の声を信じて十字架に架かったイエスの信仰心

斎藤　お弟子《でし》さんであった、矢内原忠雄《やないはらただお》先生とか。

内村鑑三　うーん。頑固者《がんこもん》だ。

斎藤　塚本虎二《つかもととらじ》さんとか。

内村鑑三　うーん。みな、頑固者だ。

斎藤　南原繁《なんばらしげる》さんとか。

内村鑑三　うん、うん。偏屈《へんくつ》男だ。

斎藤　偏屈でしたか。

内村鑑三　ああ。みな、偏屈で、頑固で、変わり者で、言うこときかない人たちで。だけど、妥協《だきょう》を許さない。

斎藤　妥協を許さなかった。

内村鑑三　うーん。妥協を許さない。真理に関しては、妥協を許さない人たちだったね。

斎藤　真理の敵に対して、徹底的《てってい》に戦いを挑《いど》むといわれた内村先生の遺伝子の……。

内村鑑三　まあ、自分自身にも厳しかったけどね。勉強等、厳しかったけども、まあ、妥協を許さなかったわね。

斎藤　こういう「自分への厳しさ」というのは、どこから出るんですか。

内村鑑三　それが、「霊格《れいかく》」でしょう。

斎藤　霊格。

内村鑑三　うーん。

斎藤　「自分への厳しさ」の純粋《じゅんすい》な度合《どあ》いが、霊格につながってくるということですか。

内村鑑三　それが、霊格ですよ。あんた、今、イエスのまね、やれるか？　やってみろよ。ええ？　全部、剝《は》ぎ取られて、背中を鞭打《むちう》たれて、茨《いばら》の冠《かんむり》をかけられて、山の坂道を登って、十字架《じゅうじか》に架かって、そして、槍《やり》で刺《さ》されて死ねるか？「今日、これから、午後三時からやります」とか言われて。

斎藤　（苦笑）それは、難しいです。

内村鑑三　ああ、嫌《いや》でしょ？

斎藤　はい。

内村鑑三　ねえ。母ちゃん、子供が気になるわね。

斎藤　はい。

内村鑑三　そういうことです。はい。

斎藤　なるほど。これをストレートにできるということが、純粋な、自分への厳しさですか。

内村鑑三　だから、彼（イエス）だって、神の声が聴《き》こえてはいたはずだけども、「それを信じるかどうか」という試《ため》しはあったわけで。

信じたから、それをやったわけで、「こんなことが、本当に役に立つんだろうか。後《のち》の世に、何か意味があるんだろうか」と疑うのが、人間心としてはそうだわな。「弟子まで、みんな逃《に》げてしまった。なんか間違《まちが》ってるんじゃないだろうか」と。

斎藤　うーん。

内村鑑三　「悪魔《あくま》の声でも聴《き》いてるんじゃないか」とか、やっぱり思いたくはなるわな。まあ、それを乗り切れるかどうかだ。

「十字架に架かるっていうことは、どういうことか」っていうことは、やっぱり、その時点で理解することは難しい。

それは、「ヨブ記」にあるような、ヨブの災難と同じでね。「なんで、神様がいらっしゃるのに、信仰《しんこう》深い私に、こんなに災難をいっぱい送ってこられるのか。おかしいじゃないか」と。

なんと、神様は、悪魔と契約《けいやく》して、悪魔に試させているなんていう、まあ、これもちょっと〝悪賢《わるがしこ》い〟神様であるけれどもね。

悪賢い神様であるけれども、義人《ぎじん》ヨブが、本当に神を裏切らないかどうか、試された。それで、神をとうとう呪《のろ》い始めた。「呪わない人なんかいない」って、悪魔のほうは言ったけど、実際にそうだったっていうようなところが出てきたりするけどね。

それで、最後には、（神が）「おまえに何が分かるんだ」と言う。「宇宙創世の秘密から何から、知ってるのか。それを創った者の気持ちが分かっているのか。分からずに、自分自身の、個人の、今世《こんぜ》限りの肉体的幸福や、家族の幸福だけを考えているようなおまえが、どれほど小さく、点のような、塵《ちり》のような存在か、分かっとるのか」というような説教がくるわけだけどね。

だから、天地創造した神だったら、本当にねえ、その御心《おこころ》なんかは、忖度《そんたく》できないようなものなんですよ。

イエスは、茨の冠《かんむり》を被せられて、「ユダヤの王」と（罪状札を）掲《かか》げられて、これは、もう笑い話ですわね。罪人《ざいにん》にさせられて、「ユダヤの王」ってやられて、死刑《しけい》になるんですから。みんな、誰《だれ》も信じてなかったっていうことでしょ？　狂人扱《きょうじんあつか》いされて、死んでいったわけですよね。

この信仰の意味は、やっぱり知らなきゃいかんと思いますね。だから、弟子は駄目《だめ》だったけども、イエスは、やっぱり主についていったわけですから。だから、イエスはイエスなんですよ、いまだにね。

「教えが豊かなゆえに甘《あま》い」と指摘《してき》する内村鑑三

綾織　私たちは、天上界《てんじょうかい》から、かすかな声ではなく、直接的に神の声を聴いています。

内村鑑三　うーん。だから、君たちは贅沢《ぜいたく》しすぎてるんだよ。いっぱい教えを受けて、宝の持ち腐《ぐさ》れで、ほんっとに、子供がねえ、おもちゃをいっぱい広げて、家のなかで遊んでるのと一緒《いっしょ》の状態になってるね。その状態だね、はっきり言って。

斎藤　ああ……、何か涙《なみだ》が出てきました。

内村鑑三　だから、先生の教えがいっぱい説かれてるのに、みんなに読まれないのを、「もっと悔《くや》しい」と思わなきゃ駄目なんだよ。

（本を）印刷してるのは印刷所でしょ？　印刷所が仕事をやってねえ、それで金を払《はら》ってるだけでしょ？　それなのに、ものすごく仕事したような気になってるけども、それじゃ駄目なのよ。印刷して、本屋に運ぶだけじゃあ。

やっぱりねえ、「教え」を広げなきゃ駄目なのよ。そこが、できてないんだよ。だから甘《あま》いね、考えが。

「豊かさ」のゆえに、教えが豊かなゆえに甘い。無駄遣《むだづか》いを、そうとうしてるわね。

もし、「法華経《ほけきょう》一本で勝負しろ」と言われたらどうなる。日蓮《にちれん》みたいに苦労するよ。ほかの教えに、（法華経に）説かれてないことがいっぱいあるんだけど、全部否定しながら、法華経だけで押《お》していく。それで、あんた、何百万から一千万教団をつくってるんでしょう？　それに比べたら、もう、ただの〝宝の持ち腐れ〟ですよ。まあ、そういう伝道の仕方っていうのは、うどん屋で言えば、素《す》うどんだけで全国チェーンをつくるぐらいの難しさだからね。それをやってるんだけど、君たちは、いろんな料理を与《あた》えられてるんだからさあ。もうちょっと、やらないといけないわな。まあ、教会を一個もつくれなかった人間の繰《く》り言《ごと》だから、あまり本気に聞いちゃいけないかもしらんけどね。

斎藤　いや、「信仰が、即《そく》、命を懸《か》けた伝道である」ということが、よく分かりました。

内村鑑三　うん、まあ、〝一分《いっぷん》だけ〟分かっとればいいよ。すぐ忘れるから。

斎藤　いえ、そこは、ガッチリ伝わってまいりました。

内村鑑三　まあ、忘れないように、週に一回ぐらい〝大根をかじれ〟。

斎藤　（笑）分かりました。大根をかじらせていただきます。

内村鑑三　だからねえ、甘いね。全体に甘いわ。甘い甘い。これねえ、みんながその甘い体質で生きていけるようにするためにねえ、このへん、主がどれだけねえ、才知をめぐらされているかねえ、君らは知らないんだよ。

もし、これがねえ、大川隆法の代わりに内村鑑三が、ここに総裁として座《すわ》ってたとしたら、君ら、飢《う》え死にだよ、ほんとに。即、飢え死になんだからね、言っとくけど。ほんとだよ。飢え死にだよ。もう、物乞《ものご》いまで身を落とすよ。あっという間に、年内に物乞いになるよ、みんな。

斎藤　そういう感じがしました。

内村鑑三　そのへんをねえ、やっぱり分かってないところがあるなあと思いますよ。

内村鑑三が叱咤《しった》する「伝道に対する熱い思い」

内村鑑三　だから、信者が増えてるなら、「教え」も、ちゃーんと広げなさいよ。

斎藤　はい、反省します。

内村鑑三　そのへん、やらなきゃいけないわねえ。

それから、言葉の応酬《おうしゅう》でね、「外との戦いに負ける」なんていうのは、こんなのねえ、宗教者《じゃ》として恥《はじ》ですよ。「言葉での戦い」なんですから、基本的にはね。「伝道」っていうのは、「言葉の戦い」なんですから。これのプロなんですから、宗教っていうのは。

要するに、〝目に見えない世界〟を相手に信じさせるっていうんですからね。商品を売るのと違うんだから。商品を売るのは楽ですよ。この商品はおいしいとか、使えるとか、値段がリーズナブルだとか、そういうことで売れればいいんでしょう？ 交渉《こうしょう》して。よそと比べて、こちらのほうがいいですよ、と。

しかし、宗教っていうのは、〝目に見えない世界〟を信じさせるんでしょう？ みんなが〝見えない神様〟を信じさせるんでしょう？ 仏さんを信じさせるんでしょう？ これは難しいですよ。だから、言葉でねえ、相手に負けるようじゃ駄目なんですよ。こんなの全然駄目なんです。

見えないものを、あたかも見えるかのごとく説得しなきゃいけないんだから、難しいんだよ、とっても。そのへんが甘いなあ。とっても、とっても、とっても、とっても甘いなあ。

結局、君らの「成功感覚」って、目標がすっごい低いんだよ。（主が）「イエスの父」なら、さっさと「キリスト教」を超《こ》えろよ。超えなかったら、「イエスの父」じゃないんだよ。君らが、「邪教《じゃきょう》だ」と判定されたってしょうがないんだよ。さっさと超えろ！

斎藤　分かりました。「イエスの父」であるという実績を出せますように頑張ります。

内村鑑三　もうちょっと本気になれよ、ほんとに。情けないわ。

とにかくねえ、もう、事務仕事……。まあ、あんたは編集だろうから、「事務仕事をするな」と言ったら、〝首を吊《つ》らなきゃ〟いけないから、それは言わないけども。

事務仕事だけして、あるいは、椅子《いす》に座ってるだけで仕事してると思ってるやつらは、ちょっとけしからんなあ。

いつでも大川隆法に代わって、内村鑑三が総裁になってやるから。そうしたら、君らは、その日から、「リュックで本を背負って、街に出て、売り歩いて、自分のご飯代《はんだい》ぐらいは自分で稼《かせ》げ」と言われるようになるからさあ。

そのぐらい厳しいよ。自動的に破産するから。あと、私一人が生き残るかどうかだけの戦いになるからね。それが普通《ふつう》のレベルで、それでプロフェッショナルなんだよ。食わしていけない。教会でもどこでも、自分一人と、家族を養えるかどうかぐらいだ。そこまでしか行けないんだよ。だから、ゴロゴロしてても、たくさん生きていけるなんていうのはねえ、ありえないですよ。

出版社として見たら、ここ（幸福の科学）は日本最大の出版社より大きいんでしょ？　こんなのありえないよ。ありえない。

だから、その有《あ》り余るねえ、恵《めぐ》みを受けてるっていうことを、もっともっと自覚しなきゃ駄目ですよ。

それとねえ、中だけで威張《いば》ってねえ、外で弱いこの体質を早く改めたほうがいいよ。やっぱり駄目だわ。「内弁慶《うちべんけい》の体質」は早く直さないと駄目だな。

まあ、〝厳しい〟ことを言って悪かったねえ、なんかねえ。

綾織　いや、とんでもないです。

斎藤　ありがとうございます！

内村鑑三　いやあ、私の弟子はいなくなるから。（石川に）君、まだ入院しなくて大丈夫《だいじょうぶ》か？

石川　まだ、大丈夫です。

内村鑑三　ああ、そうか。そらあ、よかった。

綾織　本当に、今日のお言葉を、まだ受け止め切れないところがありますけれども、この場だけのことにすることなく、しっかりと学ばせていただきます。

内村鑑三　（綾織に）なんで、うちの信者になって、「リバティ」を読まないんだよ。訊《き》いてみたか、読まないやつの理由を。

綾織　そこは、私《わたくし》どもの努力不足でございます。

内村鑑三　だから、会社ぐらいの〝あれ〟に思ってるんだよ、中にいるから。会員そのものが、もう一般《いっぱん》人なんだよ、レベルが。恥《は》ずかしいと思ったほうがいいよ。

綾織　はい、ありがとうございます。

9　主が自由に羽ばたけるようにするのが弟子《でし》の使命

弟子《でし》たちに期待する「後世への最大遺物《さいだいいぶつ》」とは

綾織　最後に、この流れでお伺《うかが》いするのもおかしいかもしれませんけれども、今、主からは、人類に対して、「後世への最大遺物《さいだいいぶつ》」というものを有り余るほど頂いているなかで、弟子《でし》としての「後世への最大遺物」については、どのように考えればよろしいでしょうか。

内村鑑三　もっとねえ、大川隆法をねえ、自由にしてやれよ。もっと羽ばたかせてやれよ。君らが、足を縛《しば》って、動けないようにしてるんだからさあ。

綾織　はい。

内村鑑三　もっと羽ばたかせてやらなきゃ。これは、荘子《そうし》の言う「大鵬《たいほう》」なんだから。ほんと、鵬《おおとり》なんだからさあ。何千里《ぜんり》を飛ぶ人なのに、それを君たちが、雀《すずめ》みたいに足をテグスで縛って動けないようにしてるんだから。もっと羽ばたかせてやれよ。君らが引っ張ってるんだ。ここのところを分からなきゃいかんよ。

綾織　はい。

内村鑑三　だからねえ、「イエスの父」ってことなら、ほんとはもう実証してると思うよ、私は。

だけど、（弟子の）信仰心《しんこうしん》が届いてないんだよ、はっきり言ってなあ。やっぱり、そらあ、「信仰教育」ができとらんというところに当たると思うなあ。

「先生、もう慈悲《じひ》のところを出さないでください。われわれに対しては、エホバの神のように接してください。一般《いっぱん》の人に対しては優《やさ》しい神でも結構ですけども、われわれにはエホバの神のごとく、〝噴火《ふんか》〟ばかりしとってください。火山弾《だん》をぶつけてください」と。まあ、そのぐらいでなきゃいかんわねえ。だから、ちょっと情けないなあと私は思うなあ。

綾織　はい。ありがとうございます。今、霊言《れいげん》を内村先生から頂いているわけですけれども、「主の言葉」として受け止めたいと思います。

内村鑑三　まあ、私は、自分ができないことを言ってるから、ちょっと無責任で申し訳ないとは思うけども。

綾織　いえ、とんでもないです。

内村鑑三　君たちを見てたら恵《めぐ》まれすぎてるんで、なんか悔《くや》しくてしょうがないんだよ。悔しいわ。なんか恵まれすぎてて……、悔しくてしょうがないなあ。

イエス様が、これだけねえ、お金を集めたり、組織運営が上手だったりしたらねえ、今、キリスト教も苦労してないよ。ずいぶん大変だったんだからねえ、みんな。まあ、あんたらだって、ほんとに一回ねえ、ロープで井戸《いど》の底に吊《つ》り下げられてみたらねえ、信仰心を鍛《きた》えられるよ。やってみろよ、そういう経験を（注。内村鑑三は、過去世《かこぜ》で旧約の預言者エレミヤとして生まれたとき、迫害《はくがい》を受け、深い井戸に吊るされた。『黄金の法』〔幸福の科学出版刊〕参照）。

それで、「信仰を捨てろ」と迫《せま》られて、捨てずにいられるかどうか、考えてみたらいいわ。そのぐらいの人がいなかったらねえ、後世には遺《のこ》らないんだ。

だから、千七百人か千八百人か知らんけど職員がいて、信者ものすごい数がいるんだろうけども、何人残るかだよねえ。

ライオンを走らせたら……、いや、ライオンじゃなくて、〝ドラキュラ〟を走らせたら、生き残ってる人が何人いるかだねえ。ドラキュラが来ても、ドラキュラの首に嚙《か》みつくぐらいの人が、どれだけいるかだ。まあ、そのぐらいのところを試《ため》してみたい気はするがねえ。

まだまだ「試練」というほどのものではないねえ。単に、なまっちょろい仕事をして、勝手に「試練」をつくってるレベルではないかな。そう思うね。要求レベルが低いわな。ま、それは言っておきたいな。

ほんっとねえ、君らもこれ以上怠《なま》けるんだったらねえ、もう幸福の科学の指導霊《しどうれい》を、内村鑑三、一本に絞《しぼ》るぞ！　そうなったら、職員が何分の一になるか、何十分の一になるか、知らないよ、ほんとに。

斎藤　頑張《がんば》ります！

内村鑑三　五人ぐらいでやるか？

斎藤　いえ、いえ。

内村鑑三　また、最初の、「●初転法輪《しょてんぼうりん》」に戻《もど》るぞ。

斎藤　いや、分かりました。

内村鑑三　ほんとに、一九八七年ぐらいまで戻るぞ、タイムマシンで。

斎藤　必ず、大川隆法総裁先生、主エル・カンターレを、自由に羽ばたかせられるように頑張ります！

●**初転法輪**　仏陀が菩提樹下で悟りを開いたのち、五人の比丘（阿羅漢）に対して初めて法を説いたことを「初転法輪」という。幸福の科学では、一九八六年十一月二十三日に東京の日暮里・酒販会館で、全国から集まった八十七人を前に最初の説法を行ったことを指す。

内村鑑三　内村を、〝主なる神〟にしてもらえるように持ってきたら、それで終わりなんだから。簡単に潰《つぶ》れるんだからね、言っとくけど。

だからね、もうちょっとねえ、光があるときにねえ、ちゃんと光のうちを歩みなさいよ。

斎藤　はい。光あるうちに、光のなかを歩みます！

内村鑑三　そうそう。頑張りなさい。

斎藤　はい！

内村鑑三　うん、うん。

綾織　ありがとうございます。

内村鑑三　はい。

斎藤　ありがとうございました！

10　内村鑑三の霊言《れいげん》を終えて

大川隆法　（手を二回叩《たた》く）はい（笑）。なかなか〝気合い〟が入《い》っていましたね。そうとう〝裏〟も見えながらの気合いの入れ方ですけれども。まあ、食べていくのも大変だった信仰者《しんこうじゃ》の厳しい面が一部味わえました。

（当会も）やや「大企業病《だいきぎょう》」にかかっているかもしれませんので、やはり、内村さんや日蓮《にちれん》の初期の努力を知らないといけないでしょう。

しかし、個人で活動し、個人として名が遺《のこ》った人です。いまだに名が遺っているわけですから、それだけ突《つ》き抜《ぬ》けていく〝厳しさ〟があったのだと思います。そういう意味では、信者ではないのかもしれないけれども、後世の人々への影響《えいきょう》は、かなりあったということですね。つまり、「金のない者の戦い方」を教えてくれたわけです。その「激しさ」が後世の人を導いたということでしょう。

キリスト教も、悔《くや》しくてしかたがない状況《じょうきょう》にはあるようですし、当会には当会なりの違《ちが》いがあるでしょうけれども、たまには、このぐらい気合いを入れてもらわないと進まないと思います。一つの意見として大事にしていきましょう。

やはり、毎年、万の単位で信者が増えているのに、「ザ・リバティ」の部数が減っていくというのには、どうも納得《なっとく》のいかないところがあります。

綾織　すみません。必ず、増やしてまいります。

大川隆法　まあ、「本が多いから、できません」というような言い訳が、たぶん、甘《あま》いのだろうと思います。

綾織　はい。そう思います。

大川隆法　それは、デパートの店員で言えば、「品が多くて売れないから、売り場は一階だけにして、二階から上は、全部、空《から》にさせてもらいます。こうしたら、よく売れます」とか、「在庫がなくなります」とかいうような意見でしょうね。ただ、売り場を一階だけにしたら、在庫はなくなるかもしれませんけれども、そもそも客が来なくなります。それだけのことでしょう。

やはり、世間《せけん》が考えている以上の努力はしなくてはいけないということだと思います。

綾織　はい。

斎藤　本日は、「宗教の強さ」ということを、本当に感じさせていただきました。

大川隆法　今日は、やや〝厳しめ〟ではありましたけれども、〝緩《ゆる》んだ〟ときの「励《はげ》み」に使っていただければ幸いです。

一同　ありがとうございました。

あとがき

聖霊を侮辱《ぶじょく》する者の罪は許され難い。神の存在を否定をする者たちが、再びこの世に人間として生まれることを、私は決して許さない。

邪教に取り込まれたる者が、この世の権力を行使して真なる神の教えを弾圧することを、私は許さない。

悪を押し止《と》どめ、善を推《お》し進めることこそ、仏教でもキリスト教でも、この世での最高の道徳である。

既に、無間地獄《むけんじごく》に堕《お》ちている唯物論・無神論の学者たちの学問を正統なものとし、真実の学問を葬《ほうむ》り去ろうとしている者たちの傲慢《ごうまん》は、絶対に許されるべきではない。

「霊言」を否定することは、神の啓示と導きを否定することであり、人間としてこの地上に存在することは、生きながらにして、魂のない生殖機械に堕《だ》したということである。恥を知るがよい。

二〇一四年　十一月四日

幸福《こうふく》の科学《かがく》グループ創始者兼総裁《そうししゃけんそうさい》　大川隆法《おおかわりゅうほう》

『内村鑑三「信仰・学問・迫害」を語る』大川隆法著作関連書籍

『公開霊言　内村鑑三に現代の非戦論を問う』（幸福の科学出版刊）
『宇宙人との対話』（同右）
『ドラキュラ伝説の謎に迫る』（同右）

※左記は書店では取り扱っておりません。最寄りの精舎・支部・拠点までお問い合わせください。
『大川隆法霊言全集　第28巻　内村鑑三の霊言①』（宗教法人幸福の科学刊）
『大川隆法霊言全集　第29巻　内村鑑三の霊言②』（同右）
『君よ、涙の谷を渡れ。』（同右）

内村鑑三《うちむらかんぞう》「信仰《しんこう》・学問《がくもん》・迫害《はくがい》」を語《かた》る

2014年11月6日　初版第1刷

著　者　　大《おお》　川《かわ》　隆《りゅう》　法《ほう》

発行所　幸福の科学出版株式会社

〒107-0052 東京都港区赤坂2丁目10番14号
TEL(03)5573-7700
http://www.irhpress.co.jp/

印刷・製本　株式会社 東京研文社

落丁・乱丁本はおとりかえいたします

ISBN978-4-86395-594-3 C0014

幸福の科学「大学シリーズ」・最新刊

日本人よ、世界の架け橋となれ！

新渡戸稲造の霊言

日本がもう一度開国し、未来志向の国になるために――。「武士道」を世界に広めた明治の国際人・新渡戸稲造による「新時代の自己啓発書」。

1,500円

カント「啓蒙とは何か」批判

「ドイツ観念論の祖」の功罪を検証する

文献学に陥った哲学には、もはや「救済力」はない――。現代の迷える知識人たちに、カント自身が「新たな啓蒙の時代」の到来を告げる。

1,500円

夢に生きる女性たちへ

津田塾大学創立者・津田梅子の霊言

才能や夢を持った女性たちに、どんな未来の扉を開くべきか。生涯を女子教育に捧げた元祖キャリアウーマンが贈る「現代女性へのアドバイス」。

1,500円

大川隆法 ベストセラーズ・幸福論シリーズ

キリストの幸福論

失敗、挫折、苦難、困難、病気……。この世的な不幸に打ち克つ本当の幸福とは何か。2000 年の時を超えてイエスが現代人に贈る奇跡のメッセージ!

1,500円

パウロの信仰論・伝道論・幸福論

キリスト教徒を迫害していたパウロは、なぜ大伝道の立役者となりえたのか。「ダマスコの回心」の真実、贖罪説の真意、信仰のあるべき姿を、パウロ自身が語る。

1,500円

ヒルティの語る幸福論

人生の時間とは、神からの最大の賜りもの。「勤勉に生きること」「習慣の大切さ」を説き、実業家としても活躍した思想家ヒルティが語る「幸福論の真髄」。

1,500円

※表示価格は本体価格(税別)です。

大川隆法 霊言シリーズ・真の信仰者の姿に学ぶ

ヤン・フス
ジャンヌ・ダルクの霊言

信仰と神の正義を語る

内なる信念を貫いた宗教改革者と
神の声に導かれた奇跡の少女――。
「神の正義」のために戦った、人類
史に燦然と輝く聖人の真実に迫る！

1,500円

マザー・テレサの
宗教観を伝える

神と信仰、この世と来世、そしてミッション

英語霊言
日本語訳付き

神の声を聞き、貧しい人びとを救う
ために、その生涯を捧げた高名な
修道女マザー・テレサ――。いま、ふ
たたび「愛の言葉」を語りはじめる。

1,400円

トルストイ
――人生に贈る言葉

トルストイに平和主義の真意を訊く。
平和主義が、共産主義に取り込まれ
たロシア（旧ソ連）の悲劇から、日本
の反原発運動の危険性が明らかに。

1,400円

幸福の科学グループのご案内

宗教、教育、政治、出版などの活動を通じて、地球的ユートピアの実現を目指しています。

宗教法人　幸福の科学

一九八六年に立宗。一九九一年に宗教法人格を取得。信仰の対象は、地球系霊団の最高大霊、主エル・カンターレ。世界百カ国以上の国々に信者を持ち、全人類救済という尊い使命のもと、信者は、「愛」と「悟り」と「ユートピア建設」の教えの実践、伝道に励んでいます。

（二〇一四年十一月現在）

愛

幸福の科学の「愛」とは、与える愛です。これは、仏教の慈悲《じひ》や布施《ふせ》の精神と同じことです。信者は、仏法真理をお伝えすることを通して、多くの方に幸福な人生を送っていただくための活動に励んでいます。

悟り

「悟り」とは、自らが仏の子であることを知るということです。教学《きょうがく》や精神統一によって心を磨き、智慧《ちえ》を得て悩みを解決すると共に、天使・菩薩《ぼさつ》の境地を目指し、より多くの人を救える力を身につけていきます。

ユートピア建設

私たち人間は、地上に理想世界を建設するという尊い使命を持って生まれてきています。社会の悪を押しとどめ、善を推し進めるために、信者はさまざまな活動に積極的に参加しています。

国内外の世界で貧困や災害、心の病で苦しんでいる人々に対しては、現地メンバーや支援団体と連携して、物心両面にわたり、あらゆる手段で手を差し伸べています。

年間約３万人の自殺者を減らすため、全国各地で街頭キャンペーンを展開しています。

公式サイト **www.withyou-hs.net**

ヘレン・ケラーを理想として活動する、ハンディキャップを持つ方とボランティアの会です。視聴覚障害者、肢体不自由な方々に仏法真理を学んでいただくための、さまざまなサポートをしています。

公式サイト **www.helen-hs.net**

INFORMATION

お近くの精舎・支部・拠点など、お問い合わせは、こちらまで！

幸福の科学サービスセンター

TEL. 03-5793-1727（受付時間 火〜金：10〜20時／土・日：10〜18時）

宗教法人 幸福の科学 公式サイト happy-science.jp

教育

学校法人 幸福の科学学園

学校法人 幸福の科学学園は、幸福の科学の教育理念のもとにつくられた教育機関です。人間にとって最も大切な宗教教育の導入を通じて精神性を高めながら、ユートピア建設に貢献する人材輩出を目指しています。

幸福の科学学園

中学校・高等学校（那須本校）
2010年4月開校・栃木県那須郡（男女共学・全寮制）
TEL **0287-75-7777**
公式サイト **happy-science.ac.jp**

関西中学校・高等学校（関西校）
2013年4月開校・滋賀県大津市（男女共学・寮及び通学）
TEL **077-573-7774**
公式サイト **kansai.happy-science.ac.jp**

幸福の科学大学
TEL **03-6277-7248**（幸福の科学 大学準備室）
公式サイト **university.happy-science.jp**

仏法真理塾「サクセスNo.1」 TEL **03-5750-0747**（東京本校）

小・中・高校生が、信仰教育を基礎にしながら、「勉強も『心の修行』」と考えて学んでいます。

不登校児支援スクール「ネバー・マインド」 TEL **03-5750-1741**

心の面からのアプローチを重視して、不登校の子供たちを支援しています。
また、障害児支援の**「ユー・アー・エンゼル！」**運動も行っています。

エンゼルプランV TEL **03-5750-0757**

幼少時からの心の教育を大切にして、信仰をベースにした幼児教育を行っています。

シニア・プラン21 TEL **03-6384-0778**

希望に満ちた生涯現役人生のために、年齢を問わず、多くの方が学んでいます。

NPO
活動支援

いじめから子供を守ろうネットワーク

学校からのいじめ追放を目指し、さまざまな社会提言をしています。また、各地でのシンポジウムや学校への啓発ポスター掲示等に取り組む一般財団法人「いじめから子供を守ろうネットワーク」を支援しています。

公式サイト **mamoro.org**
相談窓口 **TEL.03-5719-2170**
ブログ **blog.mamoro.org**

政治

幸福実現党

内《ない》憂《ゆう》外《がい》患《かん》の国難に立ち向かうべく、二〇〇九年五月に幸福実現党を立党しました。創立者である大川隆法党総裁の精神的指導のもと、宗教だけでは解決できない問題に取り組み、幸福を具体化するための力になっています。

党員の機関紙
「幸福実現NEWS」

TEL 03-6441-0754
公式サイト hr-party.jp

出版 メディア 事業

幸福の科学出版

大川隆法総裁の仏法真理の書を中心に、ビジネス、自己啓発、小説など、さまざまなジャンルの書籍・雑誌を出版しています。他にも、映画事業、文学・学術発展のための振興事業、テレビ・ラジオ番組の提供など、幸福の科学文化を広げる事業を行っています。

アー・ユー・ハッピー?
are-you-happy.com

ザ・リバティ
the-liberty.com

幸福の科学出版
TEL 03-5573-7700
公式サイト irhpress.co.jp

THE FACT

ザ・ファクト
マスコミが報道しない
「事実」を世界に伝える
ネット・オピニオン番組

Youtubeにて
随時好評配信中!

ザ・ファクト 検索

入会のご案内

あなたも、幸福の科学に集い、ほんとうの幸福を見つけてみませんか？

幸福の科学では、大川隆法総裁が説く仏法真理をもとに、
「どうすれば幸福になれるのか、また、
他の人を幸福にできるのか」を学び、実践しています。

入会

大川隆法総裁の教えを信じ、学ぼうとする方なら、どなたでも入会できます。入会された方には、『入会版「正心法語」』が授与されます。（入会の奉納は1,000円目安です）

ネットでも**入会**
できます。詳しくは、
下記URLへ。
happy-science.jp/joinus

三帰《さんき》誓願《せいがん》

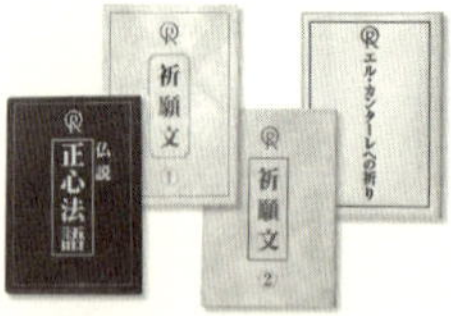

仏弟子としてさらに信仰を深めたい方は、仏・法・僧の三宝への帰依を誓う「三帰誓願式」を受けることができます。三帰誓願者には、『仏説・正心法語』『祈願文①』『祈願文②』『エル・カンターレへの祈り』が授与されます。

植福《しょくふく》の会

植福は、ユートピア建設のために、自分の富を差し出す尊い布施の行為です。布施の機会として、毎月1口1,000円からお申込みいただける、「植福の会」がございます。

「植福の会」に参加された方のうちご希望の方には、幸福の科学の小冊子（毎月1回）をお送りいたします。
詳しくは、下記の電話番号までお問い合わせください。

月刊
「幸福の科学」

ザ・伝道

ヤング・ブッダ

ヘルメス・
エンゼルズ

INFORMATION | **幸福の科学サービスセンター**
TEL. 03-5793-1727（受付時間 火～金：10～20時／土・日：10～18時）
宗教法人 幸福の科学 公式サイト **happy-science.jp**